Grundlagen der Schulpädagogik

Band 8

Unterricht in Deutschland

– Schulreports zur Reformpädagogik –

Von

Ursula Drews

Schneider Verlag Hohengehren

Grundlagen der Schulpädagogik
Herausgegeben von Ernst Meyer und Rainer Winkel

Umschlaggestaltung: Wolfgang H. Ariwald, BDG, 59519 Möhnesee

Zeichnungen: Ottfried Zielke

Gedruckt auf umweltfreundlichem Papier (chlor- und säurefrei hergestellt).

Die Deutsche Bibliothek – CIP-Einheitsaufnahme

Drews, Ursula:
Unterricht in Deutschland : Schulreports zur Reformpädagogik / von Ursula Drews. –
Baltmannsweiler : Schneider-Verl. Hohengehren, 1994
(Grundlagen der Schulpädagogik ; Bd. 8)
ISBN 3-87116-936-6
NE: GT

Printed in Germany – Druck: Wilhelm Jungmann Göppingen

Inhaltsverzeichnis

Vorbemerkungen der Herausgeber der Reihe

Sechs Wörter bilden den Titel dieses Buches, und über jedes ließe sich lange nachdenken – zum Beispiel über das letzte: *Reformpädagogik*: Ist die von *Wolfgang Scheibe* beschriebene Epoche gemeint, die hierzulande etwa um 1900 begann und 1933 abrupt endete? Mit anderen Worten: Sind die verschiedenen „Bewegungen" eines neuen Verständnisses von Arbeit, Spiel, Kunst, Sport, Feiern ..., vom Lehren, Lernen und Leben in der Schule gemeint? Oder geht es um die Lebens-Werke der großen Anreger/innen und Gründer/innen? Also z. B. die Schulen von *Hermann Lietz* und *Rudolf Steiner*? Die Arbeiten von *Helene Lange* und *Minna Specht*? Die Bemühungen *Peter Petersen*s und *Sophie Friedländer*s, der eine im Nationalsozialismus (sich anpassend) mit seiner Jenaplan-Schule überlebend; die andere am 23. September 1938 (als verfolgte Jüdin) Deutschland verlassend? Gehört nicht auch *Adolf Reichwein* in diese Epoche, zu diesem Erbe – *Reichwein*, der 1933 als Professor an der Pädagogischen Akademie in Halle entlassen, zum einfachen Dorfschullehrer degradiert wurde, im Widerstand arbeitete und 1944 am Galgen in Plötzensee hingerichtet wurde? Oder *Gertrud Bäumer* und *Ruth C. Cohn*? *Anna Siemsen* und *Fritz Karsen* ...? Dutzende von Namen könnten genannt werden und doch: Gab es dieses Motiv, nämlich Erziehung und Schule zu verbessern (zu reformieren) nicht schon im 19. Jahrhundert – bei *Diesterweg* und *Fröbel* zum Beispiel? Im 18. Jahrhundert – bei *Humboldt* und *Pestalozzi*? Bei *Basedow* und *Kant*? Im 17. Jahrhundert – bei *A. H. Francke* und *A. Reyher*? Gehören nicht auch *Rousseau* und *Comenius*, *Platon* und *Sokrates* zu diesem Erbe, einer Pädagogik nämlich, die Kritik übte am Sein, auf daß es besser werden sollte? Ist nicht „die" Pädagogik zu allen Zeiten immer auch reformerisch gewesen, gegen „das Schwarze" (auch in den eigenen Reihen) ankämpfend, es kritisierend und anprangernd? Hat also *Jürgen Oelkers* recht, wenn er der reformpädagogischen Epoche ein reformpädagogisches Prinzip entgegenstellt? Dem historischen Zugang einen systematischen zumutet? Andererseits: Wie ist es dann zu erklären, daß zu bestimmten Zeiten bestimmte Motive sich verdich(te)ten? Es in Deutschland zu Dutzenden von *Internats*gründungen im ersten Drittel des 20. Jahrhunderts kommt? In den 60er und 70er Jahren hingegen zu einer Reihe von Alternativ*schulen*, die eher an *Neill*s „Summerhill" anknüpfen als an das eigene Erbe der (deutschen) Reformpädagogik? Oder ist der Streit um Epoche hier und Prinzip dort gar ein Scheingefecht? Haben die einen *und* die anderen recht *und* unrecht zugleich?

Die Griechen kannten den Unterschied zwischen der Zeit, die dahinfließt (*chronos*) und jener, die sich erfüllt (*kairos*). Liegt darin die Lösung mancher pädagogischer Rätsel, Aporien und Streitigkeiten? Es lohnt, innezuhalten und nachzudenken ...

Ursula Drews hat keine Schulreports zu *der* Reformpädagogik geschrieben, wohl aber *zur* Reformpädagogik – zu einem Meliorationsmotiv, das sich nicht epochal eingrenzen läßt und sich doch zu bestimmten Zeiten verdichtete, ausprägt, verlebendigt. Die von ihr besuchten Schulen sind gewiß nicht an der Reformpädagogik vorbeigegangen, und doch sind sie keine Relikte der klassischen Reformpädagogik. Das Faszinierende dieser 15 Schulreports liegt eben darin, daß sie auf historische Wurzeln *und* auf systematische Zusammenhänge aufmerksam machen (können).

Ihre Methode ist hierzulande so selten, daß ein vergleichbares Werk wohl nicht genannt werden kann. Im anglo-amerikanischen Kulturraum ist das anders. Dort finden *school-reports, case-studies* oder *diaries* viele Leser (aber auch wissenschaftstheoretische Unterstützung). Haben wir nicht auch diesbezüglich einigen Nachholbedarf?

Dieses Buch ist darüber hinaus auch ein „Kind" der *deutschen* Vereinigung, das vor dem 3. Oktober 1990 gar nicht denkbar gewesen wäre. Mittlerweile gibt es rund 45000 Schulen (zwischen Rostock und Konstanz, Greifswald und Aachen). Mehr als 700000 Lehrer/innen unterrichten etwa 11 Millionen Schüler/innen, was die 16 Bundesländer jährlich mit mehr als 60 Milliarden DM (allein an Sach- und Personalkosten) bezahlen müssen. Zahlt sich dieser immense Betrag aus, pädagogisch aus? Auch hier lohnt ein hartnäckiges Nachfragen …

Was für ein *Unterricht* findet in diesen Schulen statt? Ein belehrender, kognitiver, die Sinne, den Körper, die Gefühle narkotisierender Frontalunterricht? Ein chaotisches, spontanes, lustbesessenes und selbstreguliertes Sich-Beschäftigen? Oder wird da angeregt und bereitgestellt? Vermutet und überlegt? Ausprobiert und gestaunt? Bedacht und geübt? Allein, zu zweit, in Gruppen, im Plenum? Mal außerhalb von, mal innerhalb der Schule? Epochal verweilend und fächerübergreifend? Beweglich also und nicht starr; der Lernarbeit verpflichtet und nicht bloß „frei"; die Lernfreude im Auge habend und nicht den kurzlebigen „Spaß".

„Unterricht in Deutschland – Schulreports zur Reformpädagogik": Sechs Wörter, ein Programm. Weil diese faszinierenden Berichte das Grund-Legende der Schulpädagogik exemplarisch illustrieren, gehören sie in die hier fortgeführte Reihe. Und wer sagt denn, daß Beispiele (nicht Vor-Bilder) nutzlos seien? Können nicht gerade die (15) Wenigen die Vielen (45000) auf das aufmerksam machen, was erforderlich ist – das Verbessern nämlich von leidiger Realität (grundsätzlich und prinzipiell, systematisch also) und zwar hier und jetzt (in unserer Zeit und hierzulande, mit anderen Worten: unter historischen Bedingungen)? Wer sagt denn, daß Berichte über Wirklichkeiten nicht zu neuen Wirklichkeiten führen?

Schriesheim bei Heidelberg sowie
Dortmund / Berlin
im August 1993

Ernst Meyer
und
Rainer Winkel

Vorwort

Das Schuljahr 1991/92 war ein – im Wortsinne – merkwürdiges Schuljahr in Deutschland: das erste Schuljahr, das vom ersten bis zum letzten Schultag ein gesamtdeutsches war, trotz aller regionalen Besonderheiten.

Gegen Ende jenes Schuljahres machte ich mich auf den Weg, getrieben von Neugier und Interesse, wie denn nun Unterricht im vereinigten Deutschland aussehen mochte. In Ost und West, in Nord und Süd, in Grundschulen, Hauptschulen, Realschulen, Gesamtschulen, Gymnasien – in staatlicher, privater und in kirchlicher Trägerschaft, in Schulen, die ein besonderes pädagogisches Konzept verfolgten und in ganz „normalen" Schulen. Mich interessierte, wie Lehrerinnen und Lehrer in einer Zeit voller Lehrerschelte und Schulfrust mit dem pädagogischen Alltag, mit ihren eigenen Problemen und mit der täglichen Aufgabe des Unterrichtens zurechtkommen. Mich interessierte, wie Schülerinnen und Schüler heute sind und wie beide Seiten – die der Lehrer und der Schüler – miteinander umgehen.

Mich interessierte, wie menschlich Schule heute ist, heute sein kann, wie und ob jungen Menschen das Lernen gelehrt wird, sie zu autonomem Handeln befähigt werden, ihr soziales Gewissen geweckt wird. Und nicht nur am Rande: ob vielleicht Schule und Unterricht noch so etwas wie Freude machen können (obwohl man sich das kaum noch auszusprechen wagt).

Mich interessierte die „innere Schulreform" – keine umfassenden Modelle, keine großen Visionen, sondern die schlichte Alltäglichkeit. Und das in einer Zeit des Umbruchs im Bildungswesen der östlichen Bundesländer. In einer Zeit, wo Ausländerhaß und Gewalt in ganz Deutschland zu beklagen sind, wo aber auch gerade an Schulen Erstaunliches geschieht, um dem entgegenzuwirken.

Mich interessierte, was Lehrerinnen und Lehrer, Schülerinnen und Schüler heute aus Schule und Unterricht machen. Also Schulreform „von unten" – wenn man so will. Die „äußere Schulreform" spielte in alle Beobachtungen hinein, war aber nicht vorrangiger Betrachtungsaspekt.

Da viele Menschen in Ost und West leider noch viel zu wenig voneinander wissen, sollte die Besichtigung von Unterricht in Ost und West auch so etwas wie Brückenschläge vermitteln und vielleicht auch bei dem einen oder anderen Nachdenklichkeit auslösen: Über Nähe und Ferne – tatsächliche und herbeigeredete. Übrigens nicht nur zwischen Ost und West ...

Auf strenge wissenschaftliche Beobachtungskriterien wurde bewußt verzichtet. Ein Außenraster sollte nicht angelegt werden. Vielmehr lag mir daran, die „systemeigenen" Intentionen der Schulen, der Unterrichtenden aufzunehmen. Als Form bot sich hierfür demnach auch nicht der klassische Hospitationsbericht, sondern eher die großzügigere, mehr Individualität aufgreifende und zulassende Reportage an.

Die im Schuljahr 1991/92 begonnenen Schulbesuche wurden im Schuljahr 1992/93 fortgesetzt.

Allen Schulen danke ich für ihre Offenheit, für die Freundlichkeit und Warmherzigkeit der Aufnahme, die ich gefunden habe.

Die Reportagen wurden erstmalig in der „Deutschen Lehrerzeitung" (Berlin) veröffentlicht. Der Abdruck erfolgt mit freundlicher Genehmigung des Herausgebers der „Deutschen Lehrerzeitung", Herrn *Erhard Friedrich*.

Ursula Drews

… zum Beispiel am Gymnasium „Schillerschule“ in Hannover:

Tradition und Moderne im Widerstreit

Steckbrief der Schule

Die Schiller-Schule ist eines von 17 Gymnasien der Stadt Hannover. Das Gymnasium existiert seit 1954. Sein Standortvorteil: Es liegt außerhalb des Zentrums und kennt insofern manches Großstadtproblem nur vermittelt.

Die Schule wird von 520 Schülerinnen und Schülern besucht, das sind ungefähr 75 pro Jahrgang. 52 Kolleginnen und Kollegen unterrichten. Das Durchschnittsalter beträgt 48 Jahre. An der Schule gibt es 7 Studienreferendare.

Im Kollegium wird ein breites Spektrum von Gestaltungsmöglichkeiten für Unterricht gepflegt, das von traditionellen Formen – wie zum Beispiel dem Frontalunterricht – bis zur Realisierung von Projektwochen reicht.

Nach Materialien und Auskünften der Schule zusammengestellt.

„Ja, Sie müßten mich eben öfter fragen! Dann könnten Sie noch viel mehr erfahren“, so eine Schülerin der 9. Klasse an der Schillerschule nach ironisch-freundlicher Anerkennung einer ihrer Antworten durch den Lehrer.

Wäre eine solche Bemerkung „früher“ als unangemessen betrachtet worden? Jetzt ist das jedenfalls nicht mehr so. Weder Schüler noch Lehrer zucken zusammen.

Die Schillerschule hat einen guten Ruf: Die Leistungsanforderungen stimmen, die Atmosphäre an der Schule ist in Ordnung, die Schiller Tradition lebt, hat aber einen Zug ins Modern-Frech-Respektlose bekommen: So soll beispielsweise in einem Talk mit Schiller, den die Theater-AG inszeniert, Schiller von seinem Sockel gekippt und damit dem Publikum nahegebracht werden.

Beruhigendes Grün umgibt die Schule, der/die Außenstehende spürt natürlich die „Aura“ eines Gymnasiums, ist aber zugleich angenehm überrascht von dem heiter-zwanglosen Umgang von Schülernund Lehrern miteinander, in den man sofort einbezogen wird. An keiner anderen Schule ist mir bisher passiert, daß Kolleginnen und Kollegen sagten: „Schade, daß Sie nicht noch länger bleiben. Sie hätten auch gern zu mir kommen können.“

Die Schillerschule ist eines von 17 Gymnasien Hannovers, der Einzugsbereich ist offen, 520 Schüler sind derzeit eingetragen, 52 Kolleginnen und Kollegen unterrichten, 7 Studienreferendare hat die Schule. Das Durchschnittsalter des Kollegiums liegt bei 48 Jahren (!), der Frauenanteil beläuft sich auf 34 Prozent. Novum in den Elternversammlungen: Die Wünsche nach einem Mann als Klassenlehrer nehmen zu. Der Grund: Es gibt rund 40 Prozent alleinerziehende Mütter. Sie halten einen Mann als erzieherischen Ausgleich für gar nicht schlecht.

Novum Nr. 2: Das Problem von Ganztagsbetreuung wird immer häufiger aufgeworfen. Aber wo die Kräfte hernehmen? Das theoretische Problem, das damit im Zusammenhang steht: Dem Lehrer wurden die Erziehungsaufgaben jahrelang „ausgetrieben“. Er wurde auf unterrichtliche Aufgaben fixiert. Jetzt aber gewinnen erzieherische Aufgaben auch über den Unterricht hinaus wieder an Bedeutung. Was tun?

Im übrigen leiden die Gymnasien – so Schulleiter Dr. Wolfgang Fregien – ebenfalls unter finanziellen Zwängen. Zumal in Niedersachsen die Gesamtschule favorisiert werde und sich dies finanziell bemerkbar mache.

An der Schillerschule wird viel über Unterrichtsmodelle diskutiert und gestritten. Diesen intellektuellen Austausch hält Wolfgang Fregien für unerhört belebend und nützlich. Was „vor Ort“ dann umgesetzt werde, sei eine andere Sache. Aber beides müsse sein: die unbegrenzte Diskussion und die Versuche vor Ort, die dann auch – nur allzuoft – Grenzen zeigen.

Den Grundschulinnovationen stehe man noch skeptisch gegenüber. Das Gymnasium möchte erst sehen, worin der tatsächliche Erfolg bestehe. Das Gymnasium sei eben etwas konservativer. Dennoch gibt es an der Schule eine große Bandbreite in Sachen Unterrichtsgestaltung. Ich mache mich auf den Weg.

Erste Stunde: Geschichte in der 9b. Jann Rey sagt mir auf dem Weg dorthin, daß die 9b eine sehr quirlige Klasse sei.

Die 9b – 24 junge Leute – *ist* quirlig. Wobei die Quirligkeit zunächst dem Fotografen geschuldet ist: Das eine und andere Mädchen streicht sich rasch noch mal über die Augenbrauen oder befeuchtet die Lippen. Aber die männliche Fraktion ist ebenfalls nicht ganz uneitel, einige setzen sich etwas günstiger zurecht, fahren sich rasch über die Haare – allerdings tun sie dies verhaltener als die Mädchen.

Thema der Stunde ist die Zeit des Vormärz, zur Debatte steht zunächst eine zeitgenössische Karikatur über Pressefreiheit. Das Verfassungsproblem wird diskutiert, liberale und reaktionäre Interessen werden benannt. Turnvater Jahn kommt ins Gespräch. Die Diskussion wird ausgedehnt auf das Verhältnis von Nationalismus und Patriotismus, auf die Bücherverbrennung – die Vernichtung alles Nicht-Deutschen. Parallelen zum Jahr 1933 werden gezogen.

Nichts Spektakuläres gibt es in dieser Stunde, aber es gibt viel Nachdenken bei den jungen Leuten. Daran ändert auch nichts, daß Jann Rey das Nachdenken gelegentlich für etwas zu laut hält und mit der Atmosphäre gar nicht so zufrieden ist.

In der Pause kommen einige zu mir und sagen, wie toll sie diese Art von Unterricht fänden. Der Unterricht sei locker, aber man lerne etwas, vor allem bekomme man keine Meinungen vorgesetzt.
Ich werde hellhörig, als sie dazusetzen: „Lehrer sollen souverän sein. Wir wollen keine, die ohne jegliche Autorität sind, die ‘untergehen’.“ Und unterschiedlich sollten Lehrer ebenfalls sein. Ohne Abwechslung sei ein Schultag ziemlich öde.

Auf die Erwartung, Unterricht solle locker sein, bin ich in den letzten Monaten immer wieder gestoßen. Vor allem ältere Schülerinnen und Schüler fordern das. Aber auch das „Etwas-lernen-Wollen“ höre ich nicht zum ersten Mal. Ob wir da die jungen Leute manchmal unterschätzen?

Wighart Dreesmann sagt: „Wenn Sie mitkommen wollen? Bei mir wird aber straff gearbeitet, ich habe ein Ziel.“

In der 10b erwarten mich 30 Schülerinnen und Schüler. Wighart Dreesmann setzt sich vorn lässig auf seinen Stuhl, wartet. Die 10b reagiert. Innerhalb von Sekunden herrscht absolute Stille. Heute: Der Cosinussatz. Beweis seiner Gültigkeit für alle Dreiecke. Alte Erinnerungen werden wach: Mathematik ist nie meine Stärke gewesen. Aber für meinen alten Studienrat gab es außer diesem Fach auch nichts anderes auf dieser Welt!

Verschiedene Ansätze werden vorgeschlagen, im Für und Wider erörtert. Es gibt Zustimmung, Ablehnung, Stichworte, die man sich untereinander zuruft. Lehrer wie Schüler. Es gibt leichte Ironie im Umgang miteinander (Lehrer: „Das war ganz

Abb. 1. Bei angestrengter Arbeit
Foto: Michael Seifert

schön falsch, was du da gesagt hast.“ Schüler: „Also ich steck’ das weg, hab’ ich eben mal verloren.“).

Betty findet schließlich eine völlig überraschende Lösung. Wighart Dreesmann gibt zu, daß er selbst darauf gar nicht gekommen wäre. Das ist keine pädagogische Gefälligkeitsäußerung; er meint, was er sagt. Die Klasse schwimmt auf dieser Anerkennungswoge für Betty mit. Zum Abschluß das leidige Thema „Hausaufgaben“. Die Klasse protestiert. Es ist übrigens ein Freitag. Wighart Dreesmann: „Aber wir sehen uns erst am Donnerstag wieder! Bis dahin werdet ihr ja wohl etwas tun können.“ Die Klasse gibt sich geschlagen. Sogar ohne Stöhnen und Murren. Aufgabe: Den Cosinussatz an der Tafel „vorführen“. Ohne Netz und doppelten Boden. Das ist etwas anderes als vor dem eigenen Heft zu sitzen …

Wie mit der 9b komme ich auch mit der 10b in der Pause ins Gespräch. Unaufgefordert sagen sie mir, daß sie Dreesmann mögen. „Er ist streng, aber locker.“ Immer wieder diese Kombination. Ich gehe mit Wighart Dreesmann ins Lehrerzimmer. Er sagt mit einem leichten Lächeln zu einem Kollegen: „Frau Drews hat jetzt eben traditionellen Unterricht gesehen.“

Abb. 2. Die Schillerschule
Foto: Michael Seifert

Ist „traditioneller“ Unterricht verwerflich, wenn Lehrer und Schüler zufrieden sind? Und wäre es nicht an der Zeit, diese Art von Unterricht neu zu definieren?

Die Drängler sind wohl gleichermaßen Freud und Leid jedes Lehrers. Nimmt man sie nicht dran, können sie durch ihren Unmut den ganzen Unterricht „schmeißen“. Nimmt man sie dran, kann das ebenfalls passieren, weil sie einen oft auf ein ganz anderes Gleis zu schieben vermögen. Aber wie oft wurde man durch sie schon aus bitterer Not errettet! Dann, wenn absolut kein Schüler mehr etwas sagen wollte oder konnte.

X. in der 9a drängelt sich auch nach vorn. Kommt dran, liest seine Hausaufgabe vor „Wie sieht meine Idealfamilie aus?“. Ein Aufsatz. X. hat eine Art Satire geschrieben. Den Vorwurf dazu hat ihm ein „Klassenfall“ geliefert. Harmonie zum Quadrat, Küßchen hier, Küßchen da. „Ja, ja Pappi“ usw. Die Klasse: „Was soll dieser harmonische Quatsch. Ich glaube nicht, daß man in solch einer Familie zufrieden wäre, wo alles so glatt geht.“ Und: „Das ist fies. Du hast jemanden aus der Klasse angeschmiert.“

Gemeinschaftskunde bei Helmut Welker mit 23 Schülern. Die Idealfamilie bleibt über eine weite Strecke das Stundenthema. Die Vorstellungen der jungen Leute sind ähnlich:

Vater, Mutter, Sohn und Tochter. Vater soll einen guten Arbeitsplatz haben, die Mutter halbtags oder gar nicht arbeiten. Aus der Reihe fällt nur Sonja: In ihrer Idealfamilie gibt es 4 bis 5 Kinder …

Auffällig ist, daß alle Schülerinnen und Schüler nur eine vollständige Familie im Blick haben. Ich denke an die große Zahl alleinerziehender Mütter, von der der Direktor sprach. Also doch eine Sehnsucht nach „richtiger“ Familie? Bei diesen fast erwachsenen jungen Leuten! Sind sie gar nicht so gleichgültig und abgebrüht, wie wir manchmal annehmen?

Auch, was zum Umgang in der Familie geschrieben und gewünscht wird, läßt mich aufhorchen: Es soll Auseinandersetzungen geben. Aber jeder soll jeden respektieren. Keiner soll den anderen in die Ecke drängen. Vor allem sollen schlechte Zensuren kein Dauerthema sein. Und schließlich ein Mädchen: Die Eltern sollen nicht so viel vorschreiben, aber mir auch die Schranken weisen, wenn ich sie selbst nicht erkenne. Ich denke an die „Wunschlehrer“! Also wieder ein ähnliches Problem? Die Diskussion kreist dann um die Kleinfamilien, um Frauenemanzipation, um die Vaterrolle, um Scheidung, um Alleinerziehende … Ich bewundere die taktvolle Zurückhaltung von Helmut Wecker. Trotzdem entgleitet ihm nicht der rote Faden.

X. war eine Weile unbeachtet, bringt sich wieder ins Gedächtnis, indem er laut verkündet: „Entschuldigung, ich will nur mal die Fliege aus dem Fenster schmeißen …“ (!)

Ich gehe mit den Schülerinnen und Schülern in Richtung Hof. Sie machen mich auf eine Ausstellung aufmerksam, die dort zu sehen ist: Die 7. Klassen haben eine Projektwoche zum Thema „Eskimos“ durchgeführt. Mit Hilfe der Eltern angefertigte Eskimo-Puppen sind ausgestellt, Texte, Zeichnungen, Karten. Die Großen aus der Neunten finden das toll.

Und sie sagen mir, daß sie Unterricht, in dem sie ihrer Phantasie freien Lauf lassen können und Entscheidungsspielräume haben, mögen.

Schließlich erlebe ich auch noch die 9c. Deutschunterricht. Das Fach von Jürgen Schmidt. Heute unterrichtet Wilbert Job, einer der sieben derzeit an der Schule tätigen Referendare. Thema: Notengebung im Sport; Üben von Pro- und Kontra-Argumentationen.

Das Problem besteht im Ausschalten von Emotionen, die sich natürlich für jedes Mädchen und jeden Jungen mit dem Thema Sportunterricht verbinden. Ein heißes Thema. Quasi eine Art Pädagogikkrise, transportiert auf die Ebene der Betroffenen. Am Ende kommt heraus, daß manche Argumente für und gegen einen Verzicht weitgehend identisch sind. Beispielsweise das Argument der Ungerechtigkeit:

Guten Sportlern tue man unrecht, wenn sie keine Noten erhielten. Aber: Nicht jeder Schüler habe die notwendigen Voraussetzungen, um ein guter Sportler zu sein. Also tue man diesen Schülern ebenfalls unrecht.

Hakan: „Was soll das mit den Grundvoraussetzungen! Das trifft doch auch für Musik zu!“

Sie liegen sich in den Haaren. Lydia: „Aber wenn ein Kind gut ist, ist es doch schön, Zensuren zu bekommen ...“ Sie bricht ab, beginnt zu weinen. Schon zu Stundenbeginn hatte sie wiederholt dafür plädiert, Sport wie jedes andere Fach zu behandeln. Das hätte doch etwas mit Allgemeinbildung zu tun. So recht angenommen fühlte sie sich aber nicht mit ihrer Meinung. Ich sitze neben ihr, merke, wie sie zunehmend unruhig wird. Jetzt also kommen die Tränen.

Stille. Leichte Betroffenheit in der Klasse. Aber es wird kein Wesen darum gemacht. Die Diskussion geht weiter. Nach kurzer Zeit mischt auch Lydia wieder mit.

Der Ausgang ist ziemlich unterschiedlich. Wie schwer mag es wohl für junge Leute sein, neben sich selbst zu treten und völlig ohne Emotionen sachlich Argumente für oder gegen etwas zu sammeln. Ich erinnere mich an eine Fortbildungsveranstaltung in der es in zwei Gruppen um das Für und Wider von Projektunterricht gehen sollte. Der letzte Tag einer Fortbildungs-Woche war dafür vorgesehen. Am Morgen sagten die Teilnehmerinnen, daß sie diese Diskussion nicht möchten, weil sie sich während dieser Woche alle so gut verstanden und nun Angst hätten, sich zu zerstreiten.

Ich gehe etwas in micht gekehrt aus dem Schulhaus des Gymnasiums „Schillerschule“. War dieser Unterricht wirklich so traditionell? Und ich denke nach über das Selbstbewußtsein junger Menschen, ihre Konfliktfähigkeit oder -unfähigkeit, über ihre Bedürfnisse ernst genommen zu werden, über ihre Wünsche, Stützen zu haben und Grenzen zu erfahren. Und über Lernen-Wollen ...

(im Mai 1992)

… zum Beispiel an der 6. Grundschule in Berlin-Weißensee:

„Glauben Sie denn, wir seien eine Insel?“

Steckbrief der Schule

Die 6. Grundschule befindet sich im Ostteil der Stadt und ist aus einer Polytechnischen Oberschule hervorgegangen.

Entsprechend dem Berliner Schulgesetz besuchen Schülerinnen und Schüler bis einschließlich 6. Klasse die Grundschule. Gegenwärtig sind es 270 Kinder. Sie werden von 25 Lehrerinnen und Lehrern unterrichtet.

Das Gebäude teilt sich die Grundschule mit einer Realschule.

Die Schule pflegt enge Partnerschaften mit einer Schule im Westteil der Stadt.

Für die Entwicklung des Schullebens spielt der rührige Förderverein, der sich kürzlich konstituiert hat, eine große Rolle. Neben ortsansässigen Firmen (Ortsteil Blankenburg) sind hier sowohl die Feuerwehr als auch die Polizei, sowohl das Hundemuseum als auch die Bibliothek, sowohl der Holzschutzfachverband als auch das Jugendwerk der Arbeiterwohlfahrt versammelt. Das vom Verein mitbegründete und geförderte jährliche Schulfest verspricht mittlerweile zu einem Anziehungspunkt für die ganze Umgebung zu werden.

Nach Materialien und Auskünften der Schule zusammengestellt.

Es ist gegen 11 Uhr dreißig. Laut und aggressiv kräht ein Hahn. In der 4b. Eine Glucke mit fünf Kücken läuft eilfertig durch ein abgeteiltes Geviert in der Klasse. Der Hahn kräht wieder. 23 Kinder strahlen.

Monika Schumacher hat Hahn, Henne und Kücken selbst in die Schule geschleppt. Es sind ihre letzten Unterrichtstage in der Klasse. Zum Ende des Schuljahres gibt sie die Klasse ab. Die Gefühle lassen wir jetzt mal weg.

Sachunterricht soll nicht nur anschaulich sein, sondern zum eigenen Entdecken veranlassen, meint sie. So hat sie auch Heimatkunde unterrichtet – wo es möglich war. Auch schon zum x-ten Male das Haushuhn, das als Unterrichtsgegenstand wohl bereits Generationen deutscher Kinder beglückt, erfreut, verärgert hat.

Heute gibt es keinen Ärger. Kinderhände zerschlagen etwas ungeschickt rohe Eier, trennen Eiweiß vom Eigelb, entdecken „ein weißes Schlongsel", wie einer der Jungen sagt, besprechen Befruchtung des Eis und Entwicklung der Küken, entdecken bei der Untersuchung gekochter Eier die „Delle", die dem Küken Atemluft verschafft, kauen fast genußvoll zu Kükenfutter zermahlenes Getreide, prüfen, welche Teile von Hühnerfedern sie gern in ihrem Federbett hätten und welche nicht, gehen beinahe gesittet nach vorn zum provisorischen Hühnerstall, vergleichen per Aufgabe Hahn, Henne und Küken miteinander, sprechen darüber, gehen wieder zurück auf den Platz, halten die Ergebnisse schriftlich fest. Der Hahn fühlt sich offenbar nicht mehr genügend beachtet, flattert auf die „Brüstung" und kräht erneut. Ende der Stunde.

Es sind im übrigen Fast-Dorfkinder, die hier gemeinsam auf Entdeckung gegangen sind. Hühner gehören für viele von ihnen zum Alltag. Aber Hühner im Klassenraum? Das Alltägliche wurde in den Rang von etwas Besonderem erhoben. Mit Lust haben sich die Kinder auf diesen Weg mitbegeben.

Zuvor war ich in der 3a. Karin Block macht seit einiger Zeit Gehversuche in Sachen Wochenplanarbeit. Zu Beginn begrüßen mich die Kinder mit einem Lied.

Sie arbeiten mit Textblättern zum Lesen und Malen, erschließen eigenständig den Text, füllen Lücken aus, malen aus, unterhalten sich leise miteinander, bitten Karin Block um Hilfe. Einige schusseln natürlich auch sofort los, malen aus, ohne genau gelesen zu haben. Dann gibt es Probleme. Karin Block ermahnt zu Ruhe, Besonnenheit. Sie strahlt selbst diese Ruhe aus.

Andrea verwickelt mich in ein Gespräch: „Ich war schon einmal in der Zeitung: Einmal in der 'ABC-Zeitung' und einmal in der richtigen Zeitung." Sie hält kurz inne, und dann bekomme ich ihr ganzes Leben, wie es sich nach dem Unterricht vollzieht, mitgeteilt: Wie sie eine kranke Elster im Karnickelstall pflegt, wo und als was ihre Mutter arbeitet, wie es um ihre Geschwister steht. Zutraulich, vertrauensselig berichtet sie mir. Behutsam versuche ich, mich zu entziehen. Ich möchte nicht in eine Art Schiedsrichterrolle geraten …

Klassenrenner: das Klassentagebuch. Eingeführt im Februar dieses Jahres. Jedes Kind, das etwas am Schultag für besonders erwähnenswert hält, darf dies hier eintragen. Die Erlebnisse mit dem Schwimmunterricht stehen ganz obenan. Die Kinder schreiben viel und gern: Texte für das Tagebuch, Briefe. Wie die meisten ihres Alters. Später werden sie nicht mehr schreiben. Wie viele Erwachsene heute schon werden sie gelernt haben, sich lieber des Telefons zu bedienen. Es verpflichtet weniger als etwas Schriftliches!

Die Ergebnisse der Arbeit werden vorgelesen. Wie sich Kinder dieses Alters doch noch freuen können, wenn etwas richtig ist! Zwei- bis dreimal in der Woche wird nach dem Wochenplan gearbeitet. Für die Lehrerin und die 26 Kinder sind das Stunden besonderer Art: voller Konzentration, ohne Hast und Bedrängnis, Stunden des Erlernens neuer Formen des Umgangs miteinander. Ansonsten wird vorwiegend frontal unterrichtet. „Ich beschreite neue Wege, so weit wie ich kann", sagt Karin Block. „Es macht mir aber Freude, so zu arbeiten. Ich fühle mich jetzt freier, nicht mehr so gejagt."

Ähnliche Gefühle hat Hannelore Heckmann, die in der Klasse 1a unterrichtet. Die Klasse ist geteilt, Deutsch steht auf dem Plan, es geht um „st". Die Kinder sollen hierzu eine Beziehung aufbauen und deshalb die Buchstaben mit unterschiedlichem Material darstellen; mit Papierschnippseln oder mit Farbe oder mit Wolle. Sie wählen in der Mehrzahl Wolle. Reiz des Neuen: Mit Wolle haben sie so noch nicht gearbeitet. Die Kinder werkeln angespannt. Mit Händen, Füßen, Augen, gespitzter Zunge. Wie jüngere Schulkinder das eben so tun! Mit Sprache auch. Hannelore Heckmann wird unruhig. „Das fällt mir noch schwer, eine gewisse Unruhe zu ertragen." Nicht nur ihr. Es ist wohl eines der Hauptprobleme von Lehrerinnen und Lehrern. Wie hoch muß die Toleranzschwelle sein? Eine Rolle spielt zweifellos auch: Was denken die anderen von mir, wenn es in meinem Unterricht so laut (etwas lauter) ist? So auch die Ängste von ca. 40 Lehrerinnen, die sie kürzlich während einer Fortbildung im Brandenburgischen äußerten.

Ein Blick in die benachbarte 1b. Sie ist ebenfalls geteilt. 10 Kinder sind in der Klasse. Mathematikunterricht bei Brigitte Schoebel. Markus, Janine, Daniel, Jennifer, Christoph, Frank, Matti und die anderen arbeiten angestrengt und konzentriert. Zur Entspannung werden zwischendurch nach Musik Bewegungsübungen gemacht, wird gesungen. Die Kinder kommen zwanglos nach vorn. Wer noch nicht mit seinen Aufgaben fertig ist, arbeitet einfach weiter und reiht sich dann ein.

Die Gemeinsamkeit macht offenbar Spaß. Anschließend wird weitergearbeitet, und wer fertig ist, setzt sich nach hinten an einen Tisch und würfelt. Die Klasse hat das Rahmenplanthema „Holzbearbeitung" genutzt, um einen Rechenturm zu basteln, und würfelt nun mit Begeisterung – so oft es geht – um dessen einzelne Plättchen. Ich werde einbezogen. Alle wollen mir helfen. Auf die Einhaltung der Spielregeln wird aber streng geachtet.

Der Klassenraum ist nicht opulent ausgestattet, aber er atmet Offenheit, wirkt anregend und freundlich: Selbstgebasteltes Material, Bücher, Spielsachen sind frei zugänglich und können benutzt werden.

Einmal pro Woche gibt es einen Morgenkreis. Wie in der 1a. Ab 7 Uhr dreißig können die Mädchen und Jungen in den Klassenraum kommen. Um 8 Uhr beginnt der Unterricht. Der Übergang ist gleitend. Wer im Morgenkreis etwas sagen möchte, klebt ein Kärtchen mit seinem Namen an die Tafel.

Auch hier gilt Briefeschreiben als wichtig. Die Kinder schreiben. Hannelore Heckmann schreibt den Kindern. Kleine Aufträge sind oft enthalten. Kontrolle, ob die Kinder die Briefe auch lesen.

Gespräch, Besichtigung der Schule mit Dorothea Czarnetzki, der Schulleiterin.

Jeden Morgen steht sie am Eingang der Schule, gibt ihren Kolleginnen und Kollegen die Hand. Schon fast ein Ritual! Auch viele Kinder strecken ihr die Hand entgegen. In der Schule lebt man offenbar miteinander. In der Pause sagen mir Kolleginnen: Wir hatten ein Jahr Zeit; jetzt fühlen wir uns schon als Grundschullehrerinnen. Einzelkämpfer sind wir hier nicht. Vieles überlegen wir gemeinsam und unterstützen uns auch im Interesse der Kinder. Der Schule ist das anzumerken: Sie strahlt im Inneren viel Atmosphäre aus. Geschmack wird mit wenigen Mitteln verbreitet. Plakate, Buchankündigungen, Blumen, eine kleine Bibliothek ist im Aufbau. Finanziell ist die Schule genauso schlecht dran wie alle anderen auch. Aber es wurde nicht sinnlos Material aus DDR-Zeiten vernichtet. Warum sollte man zum Beispiel Klassensätze von Kinderbüchern wegwerfen, wenn sie nach Inhalt und literarischer Qualität durchaus noch brauchbar waren? „Der kleine Häwelmann" und andere Bücher sind übrigens begehrte „Tauschobjekte" an/für Schulen aus den alten Bundesländern. Erzählt man sich in Grundschulkreisen. Ja, und ein Förder- und Freundeskreis der Schule wurde auch gegründet. Vom Fleischermeister bis zum Feuerwehrmann – hier engagieren sich Menschen für ihre Grundschule. Und alles hat Dorothea Czarnetzki in der Hand. Manchmal ist sie müde, abgespannt – aber immer rappelt sie sich wieder hoch ... Welch eine Kraft steckt in dieser Frau!

Sie nimmt mich mit in ihren Unterricht: Deutsch in der 5a. 25 Kinder. Vorab sagt sie: „Daß Sie aber nicht denken, ich könnte Ihnen hier Offenen Unterricht oder Ähnliches bieten. Ich unterrichte ziemlich traditionell. Mit neuen Unterrichtsformen muß man am zweckmäßigsten in den ersten Klassen beginnen. Wir dürfen weder die Kinder noch uns selbst überfordern. Manches muß einfach wachsen." Die Klasse steht auf, man sagt einander „Guten Morgen!", ein Lied wird gesungen. Da es Montagmorgen ist, können die Wochenend-Erlebnisse mitgeteilt werden. Carola zum Beispiel: „Ich war zur 750-Jahr-Feier in Buchholz. Viel zu viele Freßbuden. Und teuer! Auch die Klamotten waren viel zu teuer."

Dorothea Czarnetzki: „Gab es Trauriges?" Sie hält inne ... „Darüber spricht man vielleicht nicht gern vor der Klasse ..."

Abb. 1. Sportliches Treiben auf dem Schulhof der 6. Grundschule
Foto: Jörg Bergmann

In der Stunde wird am „Ich-Buch“ weitergearbeitet. Kurz zuvor hatte die Klasse Fremd- und Selbsteinschätzungen vorgenommen. Dabei gab es unter 35 Eigenschaften eine Übereinstimmung bei 32. Ein Zeichen, daß die Kinder noch sehr viel miteinander umgehen und sich relativ gut kennen.

Heute sollen sie feststellen, was sie besonders gut finden und was sie ablehnen, also nicht wollen, um das Bild von sich selbst zu vervollkommnen. Eine Beratung mit Freunden ist möglich. Die Mädchen und Jungen bewegen sich ziemlich ruhig und gesittet in der Klasse.

An den Ablehnungen fällt vor allem auf:

- wenn Kinder sterben müssen
- wenn der Regenwald abgeholzt wird
- wenn Tiere gequält werden
- wenn Krieg ist
- wenn Menschen hungern müssen.

Mit einem Jungen unterhalte ich mich, während er schreibt. Auf dem Blatt steht unter Ablehnung, „wenn ich arm bin“. Er sagt mir dazu, daß Mutter und Vater arbeitslos sind und er das ganz „bescheuert“ findet.

Ein Mädchen verrät, daß sie es „nicht haben“ kann, wenn man sie „anmacht“. Einige fragen: „Was machst'n dann?“ „Ich sag' dann einfach: Ick will von dir nischt, also willst'e von mir ooch nischt.“ Die Klasse ist zufrieden.

Beinahe hätte ich es vergessen: Zu Beginn der Stunde gab es einen kleinen Zwischenfall. Es war die Rede von „Ich und meine Klasse“. Ein Junge sagte: „Der Esel nennt sich immer zuerst. Das gefällt mir nicht. Es muß doch heißen, meine Klasse und ich ...“ Kurzer Wortwechsel: „Wir sollten doch aber gerade einmal den Blick auf uns selbst richten! Ihr seid doch auch ganz schön wichtig – oder nicht?“

Ich dachte an das DDR-Problem: Kollektive Interessen – individuelle Interessen. Oder war das zu weit hergeholt?

In der Pause gehen die „Ich-Gespräche“ weiter. Ab und zu werden aber „Du-Gespräche“ daraus. Gut?

Dorothea Czarnetzki bringt mich aus dem Schulgebäude hinaus. Vor dem Schulhaus eine weite Fläche, neu angeschaffte Tischtennisplatten, Bäume. Diese Schule ist ein Glücksfall, denke ich und gehe mit der Schulleiterin zum hinteren Ausgang.

An der Wand sehe ich die aufgemalten Galgen, an denen Strichmännchen baumeln, sehe die Hakenkreuze, sehe die Parolen „Schlagt die Linken, bis sie stinken, ins Gesicht, daß der Schädel bricht“. Und: „Scheiß Schule!“ Und: „Ausländer raus!“

Schlagartig habe ich die Flächen frischer Farbe an der Vorderseite des Schulhauses vor Augen.

Dorothea Czarnetzki sagt: „Hier haben wir das Übermalen noch nicht geschafft.“

Und: „Denken Sie, unsere Schule sei eine Insel ...?“

(im Mai 1992)

… zum Beispiel an der Realschule „Wilhelm Wisser“ und der Hauptschule „Am kleinen See“ in Eutin

In die Schule gehen, weil Pausen sind?

Steckbriefe der Schulen

Realschule „Wilhelm Wisser“
Schüler 1992/93: 437
Kollegium: 36
Klassen: 21
Die Schülerzahlen steigen ständig.
Ziel: 4-Zügigkeit

Pädagogisch-schulische Schwerpunkte:

Musik: Der Wilhelm-Wisser-Chor ist weit über die Grenzen Eutins bekannt: z. B. Chorreise 14 Tage Dez./Jan. 92/93 nach Helsinki und St. Petersburg. (Öffentliches Chorkonzert in der Felsenkirche Helsinki. Konzerte in St. Petersburg). Konzertreise nach Thessaloniki / Griechenland vor 2 Jahren.

Biologie: Mäuse- und Haustierzucht. In den 50er Jahren wurde ein schwanzloses genetisch reinrassiges Mäusepärchen gezüchtet. Blumen und Pflanzen auf jedem Fensterbrett. Schülerinnen und Schüler pflegen unter Anleitung alles selbst. Ziel: Ehrfurcht vor dem Leben. Umweltgedanken pflegen. Ein Lehrteich wurde angelegt.

Sport: „Jugend trainiert für Olympia.“ Hallenhandball: 1986 Bundeswettbewerb der Schulen in Berlin: 2. Platz. 1988 Bundessieger (ebenfalls in Berlin). 8 eigene Kanus mit Trailer. Im Sommer Fahrt nach Schweden geplant.

Partnerschulen: In Helsinki, St. Petersburg, Putbus/Rügen, Truro/Südengland, Nykøbing / Falster / DK und von Zeit zu Zeit mit einer Schule im Elsaß. Berufsfindungspraktikum wird (mit einer Klasse) seit einigen Jahren in Südengland durchgeführt. Im Gegenzug machen Engländer in Eutin ihr Praktikum. Der „Europagedanke“ wird in die Praxis umgesetzt.

Didaktischer Schwerpunkt: Binnendifferenzierter Unterricht.

Ernst-Joachim Meseck, Rektor

Grund- und Hauptschule „Am kleinen See“

Die 1960 aus der ehemaligen Knaben- und Mädchenvolksschule entstandene Grund- und Hauptschule ist heute eine der größten Grund- und Hauptschulen im Lande Schleswig-Holstein.

Zu ihrer „Blütezeit“, Mitte der 70er Jahre, wurden in 21 Klassenräumen annähernd 1000 Schüler unterrichtet.

Die beiden ersten Rektoren, Rektor Keikbusch und Rektor Schönnagel sorgten dafür, daß sowohl eine Turnhalle als auch Fachräume (Physik / Chemie, Biologie, eine Küche und ein Werkraum) gebaut und ausgestattet wurden.

Heute werden 25 Klassen, davon 15 Grund- und 35 Hauptschulklassen, von 35 Kolleginnen und Kollegen mit insgesamt rund 720 Wochenstunden unterrichtet.

Zur Schule gehört eine Außenstelle im Eutiner „Charlottenviertel“, dort sind eine einzügige Grundschule und ein Schulkindergarten untergebracht.

Die Schule zeichnet sich heute dadurch aus, daß das gesamte Spektrum modernen Unterrichtens vertreten wird: Offener Unterricht, binnendifferenzierter Unterricht, d. h. Betriebspraktika, Betriebsbesichtigungen, verstärkte Zusammenarbeit mit der am Ort befindlichen Kreisberufsschule. Hierdurch soll den Hauptschülern der Übergang in das berufliche Leben oder zu weiterführenden Schulen erleichtert werden.

An der Hauptschule wird der Sport in besonderem Maße gepflegt (vor allem Handball und Basketball). Die Schule wurde 1993 Basketballmeister der Hauptschulen.

Hinrich Weimann, Rektor

Eutin – Weimar des Nordens. Die kleine Stadt ist schön und gepflegt. Sogar an den Rosenstöcken konnte ich keine einzige Blattlaus entdecken! In Eutin übersetzte Johann Heinrich Voss Homers „Ilias". Von 1784 bis 1802 lebte er mit Frau und den drei Söhnen in der Stadt, zog Klopstock und Matthias Claudius und viele andere Literaten, Gelehrte und Künstler an.

Ich wohne im Voss-Haus, blicke auf den Voss-Platz, gehe an der Voss-Apotheke vorbei, und in meinem Kopf beginnen längst vergessen geglaubte Hexameter zu kreisen. Doch um die zu realisieren, bin ich nicht hier.

Wenn Stadtpläne etwas frei gestaltet sind, hat man sogar in kleinen Städten so seine Schwierigkeiten, sich zurechtzufinden. Für mich selbst überraschend, stehe ich dennoch plötzlich vor der Wilhelm-Wisser-Realschule. Es ist gegen 7 Uhr dreißig morgens. Die Schüler strömen, und ich werde nicht angerempelt. Manche grüßen sogar.

Im Grunde brauchte mir Ernst-Joachim Meseck, der Schulleiter, gar nichts von seiner Schule zu erzählen. Ich sehe überall Pflanzen, Aquarien, ein im Umbau befindliches Terrarium. Biologie ist Schulschwerpunkt. Einer von mehreren. Da kaum anzunehmen ist, daß sich eine Schule Pflegepersonal leisten kann, muß die Pflege der Pflanzen und Tiere wohl in Schülerhänden liegen. 430 Mädchen und Jungen besuchen die Schule. Die Nachfrage steigt. Die Schulstory fehlt auch nicht: Unter großen Mühen war es gelungen, eine schwanzlose Maus zu züchten. Genetisch einwandfrei. Ein unbeobachteter Augenblick: Ein normal geschwänztes Mäusemännchen drang in den Käfig der Maus ein, und die Sache mit dem schwanzlosen Nachwuchs hatte sich erledigt. Didaktischer Schwerpunkt des Kollegiums: Binnendifferenzierung. Ernst-Joachim Meseck sagt: Schule muß Spaß machen.

Wer sagt das denn heute noch! Ohne sich des Verdachts auszusetzen, daß er angesichts der vielen Probleme von Schule zu blauäugig sei. Ernst Joachim Meseck hat diesen Satz sogar in ein Schulpapier geschrieben. Zu Binnendifferenzierung. Für ihn und sein Kollegium eine der wichtigsten Voraussetzungen, daß Schule auch wieder Spaß machen *kann*. Für Schüler und Lehrer!

Ich gehe in die 6b. Sie hat Biologieunterricht bei Maike Arendt. Da Maike Arendt auch Deutsch unterrichtet, arbeitet sie mit Wochenplänen, die sie in etwa auf 14 Tage berechnet. Heute geht es um den Vergleich von Lurchen und Reptilien. Eine Übersicht ist anzufertigen, die Merkmale, Entwicklung und Lebensraum umfaßt. Das Thema Artenschutz gehört dazu.

Die 6b teilt sich Abfolge und Arbeitszeit selbst ein. Auf einem Tisch warten Frösche, Kröten, Lurche, liegen getrocknete Schlangenhäute. In einem Aquarium schwimmen Kaulquappen. Lehrbücher, andere Materialien stehen zur Verfügung.

Maike Arendts Maxime lautet: Die Schülerinnen und Schüler sollen in Ruhe forschen – soweit sie kommen. Aber ein Minimum muß jeder schaffen.

Abb. 1. Blick auf den Schulhof der Realschule „Wilhelm Wisser“

21 Mädchen und Jungen arbeiten an Vierer- und Sechsertischen zusammen. Sie unterhalten sich leise miteinander. Grund für mich, mit einer Mädchengruppe über die für diese Art von Unterricht notwendigen Regeln zu sprechen: „Arbeitsstunden sind Flüsterstunden“ – eine erste Regel. Eine weitere: „Alle sind gleichberechtigt, keiner befiehlt etwas.“ Und dann gibt es da noch eine Glocke. Eine Art Wundermittel. Jeder darf sie benutzen. Wenn sie läutet, bedeutet das: „Es ist zu laut, ich fühle mich gestört. Im eigenen Klassenraum – die Klasse lernt heute in dem der 6a – gibt es noch eine besondere Pinnwand. Dort darf jeder anschreiben, was ihm nicht paßt. Ich frage, was da stünde. Eines der Mädchen schaut mich prüfend an: „Zum Beispiel, wenn eine Lehrerin sagt, wir seien dumm und kindisch.“

Ich unterhalte mich leise mit Maike Arendt. Dieser offene, in Richtung Binnendifferenzierung gehende Unterricht liegt ihr sehr. Sie macht mich aber darauf aufmerksam, daß damit auch eine Veränderung ihrer eigenen Rolle verbunden sei: „Ich bin in vielem nur noch Beraterin, kann nicht mehr ‘bestimmen’.“

Ich lasse die Freundlichkeit des Raumes, ich lasse Maike Arendt und die Klasse hinter mir und gehe zu Friedrich Rehm in die 9c zum Geschichtsunterricht. Beinahe symbolisch wirkt auf mich, daß die 6b beim Raumwechsel ein Stück Schlangenhaut verloren hat. In der 9c geht es nämlich um den Nationalsozialismus. 25 Schülerinnen und Schüler vergleichen zwei Reden von Adolf Hitler: Seine Rede vor dem Reichstag in der Krolloper am 17. Mai 1933 und seine Rede vor Generälen der Reichswehr am 3. Februar 1933. Die moderaten Töne, bestimmt für die Weltöffentlichkeit, mit denen Hitler seinen Friedenswillen beteuert, die weniger moderaten, die die Reichswehr zwar nicht aufputschen, aber Aktionen in Aussicht stellen sollen, geben Anlaß zur Auseinandersetzung über „Die zwei Gesichter Hitlers". Der Widerspruch zwischen beiden Reden, die Ursachen dafür werden erörtert. Das Lesen von Texten, das Sich-Vertiefen in einen Text, die eigenständige Interpretation sind in dieser Stunde wichtig. Der Versailler Vertrag kommt zur Sprache und der Autobahn-Bau. Immer unter der großen Überschrift: Frieden und Krieg. HJ und BDM spielen eine Rolle und eine Aussage Hitlers: „Sie (die Jugendlichen) werden nicht mehr frei sein ihr Leben lang." Einer der Jungen sagt: „Damit war auch der militärische Drill verbunden, Vorbereitung auf Krieg." Ein anderer entgegnet: „Das würde ich nicht so sehen. Da ging es um allgemeine körperliche Ertüchtigung. Wie z. B. bei den Pfadfindern auch." Wie behandelt man heute im Unterricht Nationalsozialismus? Friedrich Rehm will Hitler nicht dämonisieren, sondern will nachdenklich machen. „Sie merken, es gibt unterschiedliche Meinungen zu Hitler", sagt er, „wissen Sie, für diese jungen Leute ist Hitler weit weg. Ein Stück Geschichte – wie vieles andere auch. Deshalb will ich Fakten bieten, Auseinandersetzungen wagen. Emotionale Betroffenheit schafft man vor allem, wenn man die Schule verläßt. Zum Beispiel, als wir das KZ Neuengamme besucht haben. Das ging an die Nieren." Und er fügt hinzu: „Die rechte Szene ist hier im Ort nicht sehr stark. Vor einiger Zeit wurde das Asylantenheim am Strand überfallen. Die Täter sind schon verurteilt." Aus dem Schulamt ist zu erfahren, daß über ein schulreformübergreifendes Projekt gegen Ausländerfeindlichkeit und Intoleranz nachgedacht wird.

Haupt- und Grundschule „Am kleinen See". Nur wenige Minuten von der Realschule „Wilhelm Wisser" entfernt. 540 Kinder in 27 Klassen, 35 Kolleginnen und Kollegen. 210 gehören zur Hauptschule. Diese ist zweizügig, nur die 7. Klassen sind dreizügig. Die Probleme der Hauptschule sind zunächst nur indirekt auszumachen. Hinrich Weimann, der Leiter der Grund- und Hauptschule, sagt: „Diese Hauptschule ist ja eine auf der Sonnenseite. Kommen Sie mal zu meinem Bruder nach Lübeck. Dort werden die Toilettenrohre rausgerissen. Der kämpft ums Überleben."

Unterricht in einer Hauptschule, die auf der Sonnenseite steht, wie sieht der aus?

Günter Hoof, 5b, Geometrie: Er holt die Klasse auf dem Hof ab – große Kinder, viele überaltert. Die erste Klippe: Hausaufgaben. Eines *der* Probleme, nicht nur der Hauptschule. Mit beinahe militanten Mitteln kämpfen Befürworter und Gegner in Erziehungswissenschaft, Elterverbänden, Schulen seit Jahren um den Sinn oder Unsinn von Hausaufgaben. Aber in der Hauptschule ist dies wohl ein ganz besonderes Problem. Auch Hinrich Weimann sagt: „Die Hausaufgaben können Sie sich abschminken wie das Zuspätkommen auch. Die Kinder haben nicht mal mehr ein schlechtes Gewissen dabei."

Abb. 2. Die Grund- und Hauptschule „Am kleinen See"

M., ein freundlicher Junge aus der 5b, ist darauf bedacht, als Hausaufgaben-Verweigerer ja nicht unentdeckt zu bleiben: „Sie können mich gleich aufschreibe, Herr Hoof", erklärt er ohne jegliche Aggression.

Das Achsenkreuz steht zur Behandlung an, Punkte werden benannt und eingetragen. Günter Hoof stellt seine Aufgaben präzise und bestimmt. Viele Worte sind nicht seine Sache. Ebenso knapp ist er in Mimik und Gestik. Immer aber schimmert Zuwendung hindurch. Im individuellen Gespräch mit den Kindern wird sein Tonfall noch weicher. Etwas Forderndes ist aber stets herauszuhören. Die Klasse – zur Zeit nur 14 Mädchen und Jungen – arbeitet konzentiert und selbständig. Günter Hoof geht dennoch von Platz zu Platz, hilft, erläutert, unterstützt, beruhigt. Oder sagt gar nichts, steht nur einfach da. Wer will, kann ihn fragen! Zugegeben, der Unterricht ist etwas kurzschrittig. Vielleicht geht es aber wirklich nicht anders.

Es gibt wenig ausländische Kinder an der Schule, in dieser Klasse drei. Mit Tatjana komme ich ins Gespräch. Sie stammt aus Nord-Kasachstan, ist noch nicht lange in Deutschland. Heimweh hat sie aber nicht. Geometrie mag sie nicht besonders. Am liebsten malt sie. Auch zu Hause und am liebsten Gesichter. Ihre blaue Augen lächeln mich an. Sie spricht ein beinahe lupenreines Hochdeutsch. Etwas langsam, die Anstrengung des Formulierens ist ihr anzumerken. Aber wäre da nicht das rollende „r", würde fast nichts an Sprache auf ihre Herkunft verweisen. Schwieriger ist es mit den Zwillingen Sulbie und Sulfi, Bruder und Schwester, aus Mazedonien. Die großen, fast erwachsen wirkenden Kinder sind seit November 1991 in Deutschland. Das Mädchen hat mich während der Unterrichtsstunde ab und zu verstohlen gemustert. Fing ich ihren Blick auf, lief ein verlegenes Lächeln über ihr Gesicht. Stellte ich mich neben sie, wurde es warm und freundlich. Welch einen Bedarf an Zuwendung haben diese Kinder!

Sulbie und Sulfi durften in Mazedonien keine Schule besuchen. Sie müssen jetzt nicht nur Deutsch, sondern eben alles lernen. Die Stadt hat kein Geld, um hinreichend Deutschunterricht zu bieten. Unter den Garantiefonds fallen beide nicht. Günter Hoof sagt: „Die beiden schreiben dicke Bücher ab, um dadurch die Sprache besser zu erfasen."

Am Schluß der Stunde wird Günter Hoof von den Kindern umringt. Ohne daß es ausgesprochen wird, spüre ich, wie sehr die Kinder Lehrer wie ihn brauchen!

In der 8b mühen sich 18 Schülerinnen und Schüler mit Hinrich Weimann, Englisch zu lernen. Ich schaue mich um, gehe durch den Raum. Nadine versucht vergeblich, ihre langen Beine unter die Bank zu quetschen. Erst sitzt sie gerade, dann rutscht sie nach rechts, dann nach links. Es bringt nicht viel. Tische und Stühle sind nicht mehr so ganz geeignet für die Schülerinnen und Schüler. Man müßte eben neue anschaffen können. Neue?

Patrick, ein großer, blondgelockter, eifrig mitarbeitender Junge, sagt mir, als ich neben ihn trete: „Das ist nicht meine beste Schrift." Der Junge vor ihm flüstert mir mit leiser Stimme zu: „Ich bin aus Englisch ausgetreten, weil ich da nicht so gut bin." Erst jetzt sehe ich, daß er nicht im Englischbuch arbeitet. Warum entschuldigen sie sich so bereitwillig? Die schon viel diskutierte „Angepaßtheit" der Hauptschüler?

Stichwort Englisch-Buch. Ich schaue mir das von Britta an. Auf dem Innendeckel steht: 15.8.88 – Rikea, 20.8.90 – Sabine, 12.8.91 – Britta. Die Mädchen, die das Buch bisher benutzt haben, gingen sorgsam damit um. Nur mit Mühe kann ich hier und da eine dünne Bleistiftnotiz auf den Seiten entdecken. So manches Buch in der Klasse sieht da etwas anders aus.

Hinrich Weimann erklärt mir: „Nach der vierten Stunde ist diese Altersstufe konzentrationsmäßig am Ende." Dennoch mühen sich die jungen Leute redlich. Im Zentrum der Stunde steht der Gebrauch von „needn't" und „has to". Zweisprachigkeit läßt sich nicht immer ganz vermeiden. Man merkt Hinrich Weimann an, welche Überwindung es ihn kostet, vom Englischen mal kurz wieder ins Deutsche zu springen, damit das Verstehen nicht auf der Strecke bleibt.

Nächstes Problem: Vokabellernen! Und immer wieder sind es die „kleinen Feinheiten" der englischen Sprache, die Mühe machen. Auch in dieser Stunde wird gearbeitet. Zielstrebig, ziemlich unsensationell – dennoch mit Anspruch. Freiräume zum Nachdenken, zum eigenen Entscheiden haben die Mädchen und Jungen.

Aber den Faden läßt sich Hinrich Weimann nicht aus der Hand nehmen. Zum Abschluß der Stunde bekomme ich noch eine Flüsterbotschaft mit auf den Weg. Ein Mädchen wendet sich mir zu: „Daß Sie aber nichts Schlechtes über uns schreiben. Wir möchten uns nicht blamieren."

In Hinrich Weimanns Zimmer reden wir noch lange miteinander. So auch über den Sinn von Schule. Hinrich Weimann: „Die Kinder denken so: Ich gehe zur Scule, weil dort was los ist. Da treffe ich meine Kumpel und kann mich unterhalten. Sie fragen nicht mehr: Wie viele Stunden habe ich heute?, sondern: Wie viele Pausen gibt es?." Und dann sagt der Schulleiter: „Wir sind schuld. Wir verstehen nicht, ihnen den Sinn von Schule noch plausibel zu machen. Schule müßte aber auch anders sein!" Er redet über Stoffhuberei, über sinnlose Wiederholungen, über Verkopfung des Unterrichts. Ich denke an die Forderungen nach mehr Primärerfahrungen, nach praktischem Lernen, nach der Einheit von Kopf, Herz und Verstand, wie sie seit Jahren von Reformkräften erhoben werden.

Hinrich Weimann rechnet mir vor, daß von 25 Wochenstunden 18 auf die sogenannten harten Fächer entfallen (u. a. 4 Stunden Deutsch, 4 Stunden Mathematik, 2 Stunden Englisch, 2 Stunden Erdkunde usw.). Die Schule hat auf einen Ausweg gesonnen: Zwei Betriebspraktika wurden eingeführt, mittwochs ist AG-Tag. Einer der Renner: Physik und Chemie bei Günter Hoof. Es folgen Hauswirtschaft, Technisches Werken, Kunst. Die Innovationen kommen an.

Wir haben also im Handumdrehen alle Hauptschul-Probleme auf dem Tisch. Noch mehr: Die ganz aktuelle Diskussion um die Sekundarstufe I. Hinrich Weimann spricht sich für Dreigliedrigkeit des Schulsystems aus, will aber eine veränderte Schule. Wir reden über den Sinn von Hauptschule, über die Kinder, die hierherkommen, über ihren Weg nach dem Hauptschul-Abschluß, über die Lehrer, die in bis zu 10 Fächern unterrichten müssen. „Es gibt Kollegen, die an den Kindern heute kaputt gehen." Er erzählt von einem Kollegen, der morgens mit ordentlich gebundener Krawatte in die Schule kam. „Mittags stand der Schlips auf halb acht, und der Kollege verließ auf den Brustwarzen die Schule."

Wo er die Mittel für Lehrmaterialien und deren Erhaltung hernehmen soll, weiß Hinrich Weimann schon bald nicht mehr. Pro Grundschulkind stehen ihm 36 Mark, pro Hauptschulkinde 54 Mark je Haushaltsjahr zur Verfügung. Als er vor neun Jahren an die Schule kam, hatte er 5000 Mark für Reparaturen und kleine Anschaffungen im Schulsäckel. Jetzt kämpft er nur noch darum, sich diese Summe weiterhin zu sichern. Daß die Preise inzwischen gestiegen sind, muß man nicht erst den Katalogen entnehmen. Und ein Geschichtsbuch beispielsweise kostet heute vier Mark mehr als vor Jahren. Die deutsche Vereinigung hat nun auch noch Zwänge im Hinblick auf Wiederverwendung gesetzt.

Manche Einsichten sind eben doch von bleibendem Wert: Schon auf der Reichsschul-Konferenz von 1920 hieß es, daß die Schule vom Finanzminiser gemacht werde ...

Und plötzlich kommt Hinrich Weimann auf die Ausbildung zu sprechen, wünscht sich mehr Psychologie, mehr Pädagogik. „Der Lehrer muß doch mit den Kindern umgehen, auf sie eingehen können und darf nicht auf Stoffübermittlung getrimmt sein."

Auf einmal wird aus dem gestreßten und gebeutelten „Verwaltungsmenschen" wieder ein Pädagoge: „Die Kinder von heute brauchen viel Zuwendung".

Etwas später fügt er noch hinzu: „Trotz aller Probleme, Schule macht aber Spaß ..." Er schweigt für Sekunden. Das zweite Mal an diesem Vormittag diese fast Hoffnung machende Äußerung!

(im Mai 1992)

... zum Beispiel an der 4. Gesamtschule in Frankfurt/Oder

Differenzieren – aber wie?

Steckbrief der Schule

Die 4. Gesamtschule ist aus einer zehnklassigen allgemeinbildenden polytechnischen Oberschule hervorgegangen. Bereits seit 1986 existierte ein Förderbereich für die Klassen 2 bis 4, die damalige Unterstufe.

Die 4. Gesamtschule ist eine Schule mit integrierter Grundschule. Der Förderbereich existiert weiter. Nach bisherigen Prognosen wird im Schuljahr 92/93 die Neuaufnahme von Kindern mit Verhaltensstörungen ansteigen.

Zum Hort gibt es nach wie vor gute Beziehungen. Sie sollen erhalten werden, auch wenn der Hort nunmehr in kommunale Trägerschaft übergeht.

Die Schule wird von 500 Schülerinnen und Schülern besucht. Sie werden von 35 Kolleginnen und Kollegen unterrichtet, 8 weitere sind in Ausgleichsbereich und Hort beschäftigt.

Mit Beginn des Schuljahres wird erstmalig in nahezu allen Fächern nach Rahmenrichtlinien garbeitet. Das ist mit hohen Anforderungen an alle Lehrerinnen und Lehrer verbunden. Das besondere Profil der Schule wird durch die Grenznähe zu Polen geprägt. Zur polnischen Stadt Slubice existieren enge partnerschaftliche Beziehungen. Ein in einer 1. Klasse ins Leben gerufenes Projekt deutsch-polnischer Partnerschaft konnte durch die Initiative „Demokratisch handeln“ ausgezeichnet werden.

Nach Informationen der Schule zusammengestellt.

Während der ganzen Unterrichtsstunde zeigt sich B. völlig unbeteiligt. Er schaut kaum zur Tafel, nicht ins Biologiebuch (er hat es gar nicht bei sich), notiert sich nichts. Gelegentlich blättert er im Physikbuch, um dann wieder „abzutauchen". Er stört und belästigt niemanden, zeigt keinerlei Aggressionen, nur Gleichgültigkeit. Wie hält eine Lehrerin dieses Unbeteiligtsein aus?

Gisela Knack, Biologielehrerin in der 9. Klasse, Grundkurs: „Der Biologieunterricht ist schwierig. Zu Beginn des Schuljahres hieß es: Biologie in Klasse 10 fällt weg. Dadurch wurde viel an 'trockenem Stoff' in die 9. Klasse verlagert. Dann wurde die Entscheidung revidiert, und es gibt nun wieder Biologie in den zehnten Klassen. Dennoch haben wir noch mit den Folgen zu tun. Lehrer wie Schüler."

Das, worüber in der 9. Klasse gesprochen wird, ist in der Tat sehr trocken: Stoff- und Energiewechsel von Pflanzen.

Also Verständnis für B., weil die Verhältnisse nicht anders sind? Fügen in das Unvermeidliche? Bei Gisela Knack ist da noch etwas anderes: Wo es möglich war, hat sie im Verlaufe des Schuljahres Exkursionen durchgeführt, dem praktischen Lernen Platz eingeräumt. So wurde beispielsweise die Kulturbiozönose „Booßener Teichlandschaft" erforscht. Einer der eifrigsten dabei war B.: Bücher hat er mitgebracht, sich schon im Vorfeld Notizen gemacht, Skizzen angefertigt, Fachausdrükke zusammengetragen. Ein erneuter Beleg dafür, daß Unterricht dringend Primärerfahrungen ermöglichen muß, wenn viele Schülerinnen und Schüler wieder oder überhaupt erreicht werden sollen.

Abb. 1. Stolz präsentieren die Kinder aus der 6b ihre im Zeichenunterricht hergestellten Puppen aus Papprollen, Wolle, Stoffresten, Strümpfen
Foto: Gerda Weiß

Deshalb ist die Schule auch glücklich, daß es gelungen ist, den Schulgarten zu retten. Eine der Schülerinnen sagt triumphierend: „Jetzt kann ihn uns keiner mehr wegnehmen!"

B. hat aber noch andere Probleme. Gisela Knack meint, daß er Angst vor sich selbst habe, kein Selbstvertrauen besitze. Auch wenn er ordentlich gearbeitet hat und sein „Produkt" abgibt, macht er sich selbst klein: „Ist ja nichts weiter!" Hiermit muß er aber wohl allein fertig werden. Erwachsene können nur behutsam unterstützen. Zum Beispiel mit Aufgaben und Worten. Und das tut Gisela Knack, wo immer es geht.

Die 4. Gesamtschule in Frankfurt/Oder ist eine der 301 Gesamtschulen, die zu Beginn des Schuljahres 1991/92 im Land Brandenburg gegründet wurden. Das Land favorisiert bekanntlich die Gesamtschule. Es gibt außerdem 87 Gymnasien, 66 Realschulen, 40 Oberstufenzentren, 132 Förderschulen und 566 Grundschulen. (Sämtliche Angaben beziehen sich auf den Beginn des Schuljahres 1991/92.)

Die 4. Gesamtschule ist eine mit integrierter Grundschule, einem Förderbereich für die Klassen 2 bis 4, der seit 1986 existiert, und einem gut funktionierenden Hort. Die Zusammenarbeit zwischen Schule und Hort wollen die Kolleginnen und Kollegen beibehalten, auch wenn der Hort nunmehr in kommunale Trägerschaft übergeht.

Abb. 2. Winterspaziergang an der Oder
Foto: Gerda Weiß

Außerdem ist die Schule eine der kleinen und überschaubaren Gesamtschulen. 500 Kinder besuchen sie, 35 Kolleginnen und Kollegen unterrichten im Grund- und Gesamtschulteil, 8 Kolleginnen und Kollegen sind in Ausgleichsbereich und Hort beschäftigt.

Alle, die an der Schule arbeiten, sind froh, daß es hier noch keine Anzeichen von Gewalt gibt.

Im Kollegium der Schule trifft man auf eine eigenartige Mischung von unglaublichem Engagement für die Kinder und Jugendlichen und Sorge um die eigene Zukunft. Die große Unsicherheit: Aus den oberen Klassen werden viele Schülerinnen und Schuler zum Gymnasium überwechseln. Was wird dann aus der Schule, aus den Lehrerinnen und Lehrern? Vorbehaltlos haben sie die 80-Prozent-Gehaltslösung akzeptiert. Jetzt aber werden sie unruhig. Wenige Tage vor Schuljahresende sind Lösungen noch nicht in Sicht. Angelika Peter, die couragiert-zupackende Schulleiterin, berät mit ihren Kollegen aus der Schulleitung darüber. Offen, sachlich, emotionslos. Seit Wochen bedrängen sie das Schulamt, machen Vorschläge. Sicher gibt es Grobvorstellungen, wie es ab Schuljahr 92/93 weitergehen soll. Aber genau kann der Einsatz der Kolleginnen und Kollegen voraussichtlich erst wenige Tage vor Beginn des neuen Schuljahres geplant werden. Immer wieder aber höre ich: Vor den Schülerinnen und Schülern wollen wir uns nichts anmerken lassen. Sie können ja nichts dafür.

Das Schulfest, das für den 26. Juni vorbereitet wird, soll denn auch für alle ein Erlebnis werden. Motto etwa „Schule, mach' mal Pause!". Elke Neumann, die Deutschlehrerin, führt Regie. Jede Klasse soll zeigen, was sie kann. Das war der Wunsch der Kinder. Schon auf dem letzten Schulfest gab es da große Überraschungen. Auf seiten der Lehrerinnen und Lehrer! Wer von den Kindern ein Instrument spielte, wußte man oft vorher gar nicht so genau. Auch daß Mädchen ganz selbstvergessen vor großem Publikum tanzen würden, hätte man keineswegs erwartet. Die Spannung ist jetzt ebenfalls groß. Lehrerinnen und Lehrer sind neugierig auf ihre Schülerinnen und Schüler.

Natürlich wird das Fest auch „gesteuert". So ist eine Schulbuchbörse vorbereitet, und es wurden Verhandlungn mit dem Arbeitsamt geführt. Dieses wird an einem Stand Ansprechpartner in Fragen der Berufswahl sein. Ja, und dann geht es natürlich noch um das leidige Geld! Gerda Weiß, Lehrerin für Deutsch und Kunsterziehung, hat mit ihren 5. Klassen Elternbriefe vorbereitet: Kinder werben für Unterstützung. Ich bin sicher, daß sie Erfolg haben werden.

Elke Neumann, nimmt mich mit in ihren Unterricht. Deutsch, Klasse 7a. Als wir den Raum betreten, ist eine Gruppe von Schülern noch intensiv mit der „Bravo" beschäftigt. Im Klassenzimmer hängen Poster, die dem ungeheuren Müllabfall den Kampf ansagen. Daneben solche, die über Stars berichten, denen es gelungen ist, vom Rauschgift loszukommen. Überschrift: Der Kampf ums Überleben. Probleme, die auch für die 13jährigen zunehmend Alltag werden. Beeindruckend ist erneut die Ernsthaftigkeit, mit der junge Menschen sich zu Problemen äußern, die Erwachsene verschuldet haben und täglich neu verschulden.

Satzbau und Zeichensetzung sind heute angesagt. An der Tafel steht ein Text: „Sei mal still hörst du nichts was ist das bloß für ein merkwürdiges Knacken ich schaue mal nach weißt du was es war unser Hund bringe ihn bitte in den Zwinger."

Die Sätze, die Satzzeichen, die Satzstrukturen sind herauszufinden. Alles wieder ziemich trocken. Vom Stoff her. Aber gelernt werden muß so etwas natürlich auch. Und es geht.

Bei „guter Verpackung" kann auch Abstraktes den kindlichen Entdeckerdrang reizen. Das trifft offenbar auf den kleinen Text zu. Vor allem aber auf den Humor Elke Neumanns, der die Stunde prägt und auf den die Kinder eingestellt sind. Und sie behandelt die 13-jährigen ganz individuell und sehr aufmerksam: Ankes neue Frisur und ihr neuer Lippenstift werden ebenso registriert wie Peggy Aufmerksamkeit erfährt, der es heute gar nicht so gut geht. Das geschieht alles unaufdringlich, mit großer Natürlichkeit.

Lars verschafft sich diese Beachtung selbst. Nicht nur, daß er ständig Antworten und Ideen parat hat. Nach einer besonders geglückten Präsentation seiner Kenntnisse wirft er sich in die Brust, hebt den Kopf, reckt das Kinn hoch, dreht sich zu seiner Clique um. Diese Art von Selbstdarstellung wirkt aber durchaus nicht unsympathisch. Vor allem wohl, weil ein Hauch Selbstironie durchschimmert. Für dieses

Alter recht selten. Die Clique ist voller Bewunderung. Aber Lars hat auch seinen Stolz: In sein Heft darf ich nicht sehen. Als ich frage, sagt er nur „Nein". Mehr nicht. Das ist völlig in Ordnung. Er ist ja nicht dazu verpflichtet.

Nicht weit von ihm entfernt sitzt ein Mädchen. Adrett, gepflegt, saubere Schrift, saubere Unterstreichungen und total zerfranste, ausgerissene Heftseiten. Welch eine Diskrepanz! Aber wie widersprüchlich sind eigentlich Erwachsene? Stört uns an Kindern nicht manchmal, was uns eigentlich an uns selbst zu stören hätte?

Und dann sagt Elke Neumann zu Steffi, die etwas an die Tafel schreibt: „Deiner Schrift ist anzumerken, daß du heute gute Laune hast." Keine weitere Erklärung. Nichts. Steffi antwortet, etwas verlegen lächelnd: „Ja, das stimmt!"

Ein Disput über Fremdsprachenunterricht mit Grit Strnat nach ihrem Leistungskurs Englisch, Klasse 8. Eine Stunde lang haben 28 Kinder höchst angestrengt gearbeitet. Die Nachfrage nach Englisch ist riesig. An der Schule gibt es eine interne Regelung: Nach dem 1. Halbjahr des Schuljahres ist sowohl ein Wechsel vom Grundkurs in den Leistungskurs wie auch umgekehrt möglich. Zwei Schüler sind im März neu in den Leistungskurs eingestiegen, haben in kurzer Zeit viel geschafft. Die naheliegende Frage, weil viel schwieriger zu lösen: „Ist auch 'Abstieg' möglich?", wird mit einem Ja beantwortet. In einem Fall gab es eine solche Entscheidung. Nach sorgfältiger Begründung durch den Klassenlehrer, nach Beratung in der Schulkonferenz, behutsamem Gespräch mit den Eltern. Und mit dem Kind ebenfalls. Nicht immer spielt ja das Kind bei solchen Entscheidungen eine Rolle. Wieviele Kinder werden täglich dem Ehrgeiz der Eltern geopfert! Hier kam man zu einer einvernehmlichen Lösung. Das Kind empfand den Wechsel nicht als Herabwürdigung. Es fühlt sich vielmehr von einem ungeheuren Druck befreit. Und es hat die Chance, wieder in den Leistungskurs zurückzukehren. Nichts ist ihm verbaut.

Russisch ist bei vielen Kindern nicht mehr sehr beliebt. Für Polnisch gäbe es schon mehr Interessenten. Neben allem, was bei der Abwendung vom Russischen an ideologischen Hintergründen gegenwärtig eine Rolle spielt, gibt es durchaus auch solche Überlegungen: Wenn ich Russisch nehme, muß ich ja ständig Briefe schreiben. Das ist auf die Dauer zu teuer. Und in das Land komme ich in den nächsten Jahren ohnehin nicht. Wenn ich Polnisch sprechen möchte, gehe ich einfach über die Brücke, rede mit den Leuten. Wie pragmatisch Kinder doch sind! Aber vielleicht rächt sich dieser Pragmatismus später einmal? Schwierigkeiten mit dem Polnischen gibt es dennoch. Wenn die Kinder nun aufs Gymnasium gehen möchten, können sie dieses Fach unter Umständen nicht fortsetzen. Es gibt zwar ein Gymnasium in der Stadt mit speziellem Polnisch-Zweig, aber das würde wohl nicht alle Kinder aufnehmen können. Grit Strnat, ausgebildet für Russisch, Englisch, Polnisch, überlegt, ob sie zumindest Polnisch fakultativ anbieten könnte.

Im Kunstunterricht in der 6a bei Gerda Weiß. Es ist die letzte gemeinsame Unterrichtsstunde in diesem Schuljahr. Und wohl überhaupt.

Abb. 3. Treffen der Kolleginnen der polnischen Partnerschule in Slubice
Foto: Gerda Weiß

Die Kinder beenden ein Bild. Sie malen mit Wasserfarben Fußballszenen. Die Gesichter der Zuschauer sollen unterschiedliche Emotionen ausdrücken, Bewegungen und Haltungen der Spieler eingefangen werden. Die Kinder malen eifrig, unterhalten sich leise miteinander, tauschen Farben aus, beraten sich gegenseitig, bewegen sich völlig ungezwungen. Uwe, der Zeichenstar, malt etwas anderes. Mit zarten Bleistiftstrichen porträtiert er Nadine, die hinter ihm sitzt.

Gegen Ende der Stunde wird Rico gebeten, aus den „Endprodukten" die Zeichnungen auszuwählen und an die Tafel zu pinnen, die *ihm* besonders gefallen. Auf das „ihm" wird großer Wert gelegt, es gibt bei Gerda Weiß keine allgemeinverbindliche „Geschmacksorientierung": „Was Rico sagt, ist bestimmt nicht unser aller Meinung, soll es auch nicht sein."

Rico äußert sich zu den Gesichtern, zu dargestellten Bewegungsabläufen. Katarina und Nadine ergänzen. Etwas unbeholfener als Rico: „Die Kinder haben sich Mühe gegeben." Doch dann äußern auch sie sich sicherer zu Farben, zu Köpfen, zur technischen Ausführung. Aufmerksam hören die „Betroffenen" zu.

Der Stundenabschluß durch Gerda Weiß ist ungewöhnlich. Sie sagt zu den Kindern: „Ich danke euch für dieses Schuljahr. Mir hat es Freude gemacht, mit euch zu arbeiten. Ob das die Tierzeichnungen waren, die ihr nach Fotos gemacht habt, ob ihr den 'Rattenfänger von Hameln' gemalt habt – ihr habt eure eigenen Ideen immer besser verwirklicht. Am kreativsten wart ihr, als ihr die Puppen gebastelt habt.“

Die Kinder stoßen sich an, nicken bestätigend.

„Ich wünsche euch auch für die nächsten Schuljahre den Mut zu eigenen Ideen.“

Hätten nicht viel mehr Lehrerinnen und Lehrer Veranlassung – zumindest hin und wieder – auch einmal den Kindern für Unterricht und eigene Bereicherung durch Kinder zu danken?

(im Juni 1992)

… zum Beispiel am Gymnasium in Hechingen und an der Verbundschule „Geschwister Scholl" in Tübingen:

Röntgengalerie, praktisches Lernen und open end

Steckbriefe der Schulen

Das Gymnasium in *Hechingen*

ist eine sehr traditionsreiche Stätte und existiert bereits seit 1878. Das Gymnasium hat daher Freud und Leid deutscher Geschichte direkt mit und an Schülern und Lehrern erfahren. Derzeit besuchen annähernd 900 Schüler die Schule.

Mit seiner Studienwoche, einer „Hechinger Eigenentwicklung", mit vielfältigen Formen von Projektarbeit, durch Schüleraustausch mit Frankreich, die Entwicklung einer reichen kulturellen Tradition an der Schule u.a.m. hat das Gymnasium die Schule zu einem Lebensraum für die Schüler entwickelt und viele Fäden zum Leben außerhalb der Schule geknüpft. Fester Bestandteil der gesamten pädagogischen Arbeit sind bis heute Schullandheimaufenthalte, deren bildender Wert, deren Wert für das Erleben von Gemeinschaft von Lehrern, Schülern und Eltern hoch geschätzt werden.

Das Hechinger Gymnasium ist ein Vollgymnasium.

Die Geschwister-Scholl-Schule in *Tübingen*

ist eine kooperative (additive) Gesamtschule, ein Schulverbund nach § 16 des Schulgesetzes von Baden-Württemberg.

1971 ursprünglich als integriert-differenzierte Gesamtschule gegründet, hat sie sich nach Elternwillen 1984 in einen Schulverbund umgewandelt, der Hauptschule, Gesamt- und Realschule in sich vereint. Ihrem Selbstverständnis nach aber ist die Schule bis heute *eine* Schule mit gemeinsamem Elternbeirat, gemeinsamer Schülermitverantwortung, einer Gesamtlehrerkonferenz zum Wohle der Kinder aller drei Schularten geblieben.

Die Schule versteht sich zugleich als Nachbarschaftsschule, ist fest mit dem Stadtteil Waldhäuser-Ost verbunden: Die Schule hat zum Beispiel Räume für Offene Jugendarbeit, gibt Theatergruppen Auftrittsmöglichkeiten, beherbergt eine Zweigstelle der Stadtbibiliothek, übernimmt die Pflege des Biotops Holderfeld. Die Schule wurde 1989 in die Gemeinschaft der UNESCO-Schulen aufgenommen.

Nach Materialien und Auskünften der Schulen zusammengestellt.

Im Baden-Württembergischen setzt man auf Tradition. Das klassische deutsche Bildungsbürgertum hat sich hier wohl am unverfälschesten über die Jahre gehalten. Oder doch nicht so unverfälscht? Unterrichtung in modernen Technologien, in Informatik, harte Anforderungen in naturwissenschaftlichen Fächern, ein deutlicher Trend zum praktischen Lernen im didaktischen Bereich sind unübersehbar. Zumindest an den beiden Schulen, an denen ich Unterrichtswirklichkeit erlebe.

Gymnasium Hechingen. Der Preußenadler prangt über der Eingangstür: Die Hohenzollern sind nicht weit. Und der eine, der berühmteste von ihnen, ist ja erst im Frühjahr aus dem Baden-Württembergischen in „sein" (!) Potsdam zurückgekehrt.

Die Schule besteht seit 1878, ist gegründet als „Königlich-Preußische Höhere Bürgerschule Hechingen". Dann Realschule, seit 1909 Gymnasium. Auch als der Kaiser des Deutschen Reiches und König von Preußen schon abgedankt hatte, wurde in der Schule noch vier Jahre lang das alte Siegel verwendet. Das „Kgl." und den Adler hatte man allerdings verwischt. Das Tausendjährige Reich ging nicht spurlos am Hechinger Gymnasium vorüber. Die Jubiläumsschrift anläßlich des 75-jährigen Bestehens des Gymnasiums aus dem Jahre 1984 enthält Beispiele für Lehrermut und -versagen, für menschliche Größe und für Anpassung.

Abb. 1. Der Eingang zum Hechinger Gymnasium
Foto: Schularchiv

Nach dem Zweiten Weltkrieg gehörte das Hechinger Gymnasium mit zeitweise fast 1300 Schülerinnen und Schülern zu den größten Schulen des Landes. Der „Pillenknick" brachte eine Normalisierung. Heute wird die Schule von 900 Schülerinnen und Schülern besucht.

Auch ein Ausdruck von Tradition: Leistungskurs Physik, Jahrgangsstufe Zwölf: 13 Schüler, drei Schülerinnen. Drei! Früher ging das Gerücht um, am Hechinger Gymnasium seien Mädchen nicht so gern gesehen: 7 Prozent waren es 1925, im Jahr 1940 dann 21 Prozent, jetzt halten sich Jungen- und Mädchenanteile etwa die Waage. Dennoch: Wie nahezu überall in der Bundesrepublik scheinen auch hier die männlichen und weiblichen Domänen genau abgegrenzt zu sein.

Es geht um Schaltungen. Gruppenarbeit. Jede Gruppe durchläuft mehrere Versuchsstationen. Astrid, Susanne und Edith arbeiten gemeinsam in einer Gruppe. Daß Physik bundesweit das unbeliebteste Fach sein soll, berührt sie nicht sonderlich. Erich Konstanzer, der Physiklehrer, setzt auf praktische Experimente. Und das ist ihnen recht. Sie meinen auch nicht, daß die Jungen besser seien als sie, die Mädchen. Obwohl: Gunnar, an den käme man nicht heran!

Astrid, Susanne und Edith arbeiten ruhig, überlegt, selbstbewußt. Vielleicht zeigen sie etwas mehr Humor, wenn eine Schaltung mißglückt ... Dennoch: Leistungsstreß und Jagd nach Punkten gehen auch an ihnen nicht vorüber. Wie die Jungen haben sie als zweiten Leistungskurs Mathematik belegt: „Wenn, dann muß man konsequent sein!" Und die Geisteswissenschaften? Die nehme man eben so mit!

Von der Jahrgangsstufe 12 in die ruhige Geborgenheit einer 5. Klasse. Unterscheiden sich eigentlich Kinder aus dem Norden und aus dem Süden Deutschlands? Das ist schwer zu sagen. Man mußte eine größere Vergleichsbasis haben. Diese Kinder hier sind quirlig, zutraulich, offen. Sie lassen sich bereitwillig auf ein freundlich-strenges Unterrichtsregime ein, artikulieren aber auch deutlich ihre Interessen: In der ersten Hälfte der Stunde soll Englisch unterrichtet werden. Dann wollen sie die letzten Vorbereitungen für den Elternabend am nächsten Tag treffen. Gerhard Henzler, der Englischlehrer, geht auf diesen Vorschlag ein. Es wird nicht um Minuten gefeilscht.

Das Futurum steht auf dem Plan. Beispiele, Definitionen, Anwendungen. 29 Schüler arbeiten. Frontalunterricht. Aber wie schon des öfteren, so bin ich auch diesmal verblüfft, was guter Frontalunterricht, der die Fragen der Kinder einbezieht, in dem ein warmes und freundliches soziales Klima herrscht, zu bewirken vermag: an Lernwillen, an Selbständigkeit.

Leise machen mich einige Jungen auf die „Röntgengalerie" an der Wand des Raumes aufmerksam. Damit verbinden sie offenbar sehr viel: Große Bilder, etwa im DIN-A3-Format, aufklappbar, die Ergebnisse wechselseitigen „Röntgens" mit Pinsel und Farbe offenbarend. Da werden nicht nur die Rippen freigelegt, sondern mit wenigen Mitteln auch angezeigt, welche Interessen der andere hat, wie er sich dem Malenden darstellt. Und wenn es nur ein Symbol ist, das in die aufklappbare Westentasche gemalt oder eingeklebt wurde. Soziale Erziehung, Hineindenken in einen anderen Menschen, Versuche, ihn zu erkennen und vielleicht auch zu verstehen! Leider geht durch die Auflösung der Klassenverbände dann in der Oberstufe des Gymnasiums viel an Sozialem, an Verständnis für andere und an Teilnahme an ihrem Schicksal verloren. Bundesweit beklagt! Während die Wirtschaft wieder stärker auf das „Mitmenschliche" setzt, zumindest was die Ausbildung von Führungskadern betrifft, wird die Schule wohl noch eine Weile brauchen, um Schlüsselqualifikationen dieser Art erneut ernst zu nehmen. Leider. Die Vorbereitung der Elternversammlung ist eine Art Lehrstück. Erstens dafür, wie notwendig angesichts des zunehmenden Verlusts an Familienzusammenkünften Feste und Feiern in der Schule sind. Die Begeisterung der Kinder schon in der Vorbereitungsphase sollte manchen Eltern vorgeführt werden.

Zweitens dafür, wie selbständig und ideenreich Kinder über „zumutbare" Spiele für Eltern und mit Eltern nachdenken, Theaterszenen vorbereiten, einen Convencier aussuchen u.a.m. Drittens dafür, wie ökonomisch Kinder denken, nach Sponsoren suchen und sorgsam das Geld in der Klassenkasse zusammenhalten, um keinen Pfennig unnütz auszugeben. Eine fünfte Klasse!

Behutsam greift Gerhard Henzler ein, wenn die Debatte allzu leidenschaftlich wird. Ansonsten bestimmen die Kinder die Szene. Vielleicht ist dies alles schrecklich normal. Aber auch Normalität ist erwähnenswert.

Mit Erich Riha, dem Deutsch- und Religionslehrer, gehe ich in die 8. Klasse. Wir sind etwas spät dran. Erich Riha ruft vom Flur hinauf zur Empore: „Ich komme gleich!" Lässige Reaktion: „Lassen Sie sich ruhig Zeit!"

In der 8a sind nur 24 Schüler anwesend, über 30 gehören in die Klasse. Keine Klassenfrequenz, um die man die Schule beneiden müßte! Die anderen Schüler sind Mitglieder der „Big Band" der Schule, und die ist in diesen Tagen nach Limbach in Sachsen unterwegs. Man sieht, an der Basis funktionieren die Beziehungen zwischen West und Ost nicht eben schlecht.

Literaturunterricht: „Wilhelm Tell". 3. Aufzug, 3. Szene: Wiese bei Altdorf. Verbeugung vor Gesslers Hut usw. Alle Interpretationen sollen jetzt beiseitebleiben. Was beeindruckt, ist: Es wird *gelesen*. Mit verteilten Rollen wie üblich. Aber: Nach anfänglichem Zieren und den kleinen Schüleralbernheiten wird mit nahezu klassischem Ausdruck vorgelesen. Der schwäbische Akzent schlägt zwar bei allen Schülerinnen und Schülern irgendwie durch. Was schadet's! Der Genuß am Vorlesen scheint vom einen auf den anderen überzugehen. Und das, obwohl gerade festgestellt wurde, daß deutsche Schüler im Lesen nicht eben gerade blendend abschneiden und die Kultur des Vorlesens ohnehin vom Aussterben bedroht ist. In den Familien wohl noch mehr als in der Schule.

Katholischer Religionsunterricht steht in der nächsten Stunde auf dem Plan. 17 Schülerinnen und Schüler aus der 8a und 8b haben sich zusammengefunden. Es ist heiß. Aber für „Hitzefrei" noch nicht heiß genug. Da helfen auch bewährte und neu ersonnene Schülertricks nicht.

Erich Riha: „Ich würde euch bitten, noch ein wenig auszuhalten." Das tun die Achtkläßler denn auch. Zumal die Stunde mit einem Paukenschlag beginnt, einer anonymen Befragung, wie die Mädchen und Jungen es denn mit dem sonntäglichen Kirchgang hielten. Angeregt durch eine „Spiegel"-Veröffentlichung.

Vorgaben, Entscheidungsfehler:

1. Ich gehe regelmäßig jeden Sonntag in die Kirche.
2. Ich gehe im Monat einmal zur Kirche.
3. Ich gehe zu besonderen Festtagen in die Kirche.
4. Ich gehe überhaupt nicht in die Kirche.

Mehrfach-Nennungen sind möglich.

Anja, Tina und Jochen sammeln die Zettel ein und werten aus: Zu 1. gibt es keine Nennung, zu 2. sechs, zu 3. zwölf, zu 4. vier Nennungen.

Fazit durch Erich Riha: Die Kirchen haben Schwierigkeiten, aber der Aberglaube hat Hochkonjunktur. Um „Aberglauben im Alltag" soll es nachfolgend in der Stunde gehen. Ein Thema, das die Jungen und Mädchen brennend interessiert. Religionsunterricht als Lebenshilfe!
Jeder notiert sich dazu in seinem Heft Stichpunkte: Das Spektrum reicht vom vierblättrigem Kleeblatt über die schwarze Katze, die von links oder von rechts über den Weg läuft, der 13 als Unglückszahl bis hin zu „Volksweisheiten" wie „Scherben bringen Glück" und „Ein Unglück kommt selten allein". Dies alles ist noch relativ harmlos. Erst als das Gespräch auf mittlerweile schon per Computer erstellte Horoskope kommt, auf spiritistische Sitzungen, auf Geistheiler und schwarze Messen, wird es ernst, kommt etwas Bedrohliches in den Raum.

Den Ursachen für wachsenden Aberglauben, für die neue Esoterikwelle wird nachgegangen. Dabei werden jugendliche Neugier, Zukunftsangst, rationale Planung und bürokratische Verwaltung, die die Möglichkeiten des Menschen einschränken ebenso wie neu entstandene Fragen nach dem Sinn des Lebens thematisiert. Einige Schüler weisen für sich selbst alle Formen von Aberglauben kategorisch zurück: „Quatsch!" Einer sagt: „Das ist doch jedermanns persönliche Sache." Ein anderer meint schließlich: „Da ist auch die Kirche schuld; sie ist zu langweilig geworden. Bietet keinen Nervenkitzel. Und den brauchen Jugendliche!" Ein offenes Ende der Stunde. Erich Riha fordert nur auf: „Achtet in der nächsten Zeit etwas mehr auf das, was in den Zeitungen steht! Sammelt Artikel! Jetzt, wo euer Bewußtsein geschärft ist."

Ich erfahre durch Reinhard Gartner, den Schulleiter, und durch Erich Riha noch von Projekttagen an der Schule, von der Hechinger „Eigenentwicklung": der Studienwoche, von Schüleraustauschen, der Theater- und Musikszene an der Schule, Schullandheimwanderungen, dem Kampf gegen Abfall und Schulmüll u.a.m. Von einer Schule also, die über den Unterricht hinaus *lebt*.

Es tut gut, eine Schule kennengelernt zu haben, die Lern- *und* Lebensraum ist. Gymnasien sind das nicht eben häufig.

Am zweiten Tag in Baden-Württemberg bleibt noch Zeit für einen Besuch an der Geschwister-Scholl-Schule in Tübingen. Die hat auch ihre Geschichte, aber eine ganz andere als das Hechinger Gymnasium.

Abb. 1. Die Geschwister-Scholl-Schule in Tübingen

Am 14. September 1971 begann an der Schule ein Schulversuch. Eine Integrierte Gesamtschule sollte entstehen. Nach Weinheim die zweite in Baden-Württemberg. Und die Gesamtschule wurde entwickelt. Mit viel Ideen und Engagement von Lehrern, Eltern, Wissenschaftlern, auch seitens der Schulbehörde.

Am 13. September 1974 wurde sie offiziell eingeweiht, im Juni 1980 verließen die ersten Abiturienten die Schule. Dennoch: Das Elternwahlverhalten änderte sich. Die Schulgremien stellten 1983 den Antrag auf Abbruch des Schulversuches, wenn auch mit einem weinenden Auge. 1984 wurde die Schule in eine Verbundschule umgewandelt, mit den gegliederten Abteilungen Hauptschule, Realschule und Gymnasium. Dem Charakter nach entstand also eine kooperative (additive) Gesamtschule. Der wichtigste Auftrag, den die Schule von Anfang an hatte, ist geblieben: Sie war und ist weiterführende Schule mit sämtlichen Schularten für die Tübinger Nordstadt, insbesondere den Stadtteil Waldhäuser-Ost, einem vor rund 20 Jahren neu entstandenen Stadtteil. Kunst, Sport und Technik werden an der Schule besonders ausgebaut. 1986 erhielt sie den Namen der Geschwister Scholl.

An der Schule gibt es gegenwärtig etwa 1200 Schüler, einen Schulleiter für alle Schulformen und ein nach wie vor pädagogisch hoch motiviertes und engagiertes Kollegium.

Die Schule ist seit September 1989 UNESCO-Schule. Heute ist UNESCO-Projekttag.

Thema: „Mensch und Erde."

In der Schule geht es zu wie in einem Bienenschwarm, obwohl viele Gruppen quasi in UNESCO-Auftrag außerhalb unterwegs sind.

Zusammen mit Luitgard von Berg, Deutsch- und Geschichtslehrerin und zugleich UNESCO-Schulbeauftragte, gehe ich durch die Schule. Alle Kolleginnen und Kollegen sind sehr offen, geben uns Hinweise, wo es interessant sein könnte, auch Schülerinnen und Schüler lotsen uns bereitwillig zu „ihrem" Projektort.

In einer 9. Klasse (Realschule) wird das hochaktuelle und äußerst brisante Thema „Asylanten" bearbeitet. In konträr verlaufender Debatte wird Verständnis geäußert, aber auch Härte offenbart: „Das sind doch vor allem Wirtschaftsflüchtlinge." „Warum kriegen sie alles vorn und hinten reingesteckt?" „Die sollen doch erst einmal klein anfangen."

Als ein Mädchen – emotional bewegend – aus der eigenen Verwandtschaft berichtet, kippt die Stimmung wieder um. Widerspiegelung der allgemeinen Verhältnisse in der Gesellschaft!

Eine Gruppe von Achtkläßlern beschäftigt sich mit Kuba. Rainier, ein junger Kubaner, dessen Vater in Tübingen Theologie studiert, versucht den Sozialismus und die Politik Fidel Castros zu verteidigen. Er hat aufmerksame Zuhörer, und darum gibt es viele Fragen: „Wie ist es mit der Armut in Kuba, wie mit der Prostitution?" „Sind die Läden alle staatlich?" „Warum sind die Lebensmittel rationiert?" „Gibt es nur eine Reissorte?" „Ist das, was in Kuba ist, nicht Diktatur?" „Warum gibt es nur eine Partei?"

Die Diskussion entbrennt um das, was Demokratie ist. Rainier, voller Ideale, schlägt sich tapfer. Zu viel aber spricht gegen ihn: die Entwicklung im Ostblock, die Entwicklung in Kuba selbst.

Die Diskussion ist voller Härte. Erstaunlich, wie genau und unnachgiebig die Problempunkte von Rainiers Klassenkameraden benannt werden. Aber: Nie wird Rainier als Persönlichkeit in Frage gestellt und abgewertet.

Viele Gruppen beschäftigen sich mit dem Schicksal des Regenwaldes. So auch eine Gruppe von Schülern der 7. Klassen der Realschule. Den schwierigsten Part hat eine kleine Jungengruppe übernommen: Sie wollen Lösungsstrategien gegen die Vernichtung des Regenwaldes vorschlagen. Drei haben sie schon gefunden: Auf die Regierung einwirken, damit sie die Abholzung stoppt. Keine Waren kaufen, die aus Regenwaldhölzern hergestellt sind („Dann gehen die pleite!"). Ein Stück des Regenwaldes kaufen. Sie überlegen weiter. Und sind im Handumdrehen bei der Darstellung ihrer Ideen. Poster sollen es werden. Direkt und aufrüttelnd. Poster, Plakate – die stellen die Jungen, wie sie mir sagen, gern her. In Sekundenschnelle holen sie die, die sie zu Unterrichtseinheiten bisher angefertigt haben, zum Vorzeigen herbei. Ich muß den Eifer bremsen, sonst verlieren sie den Regenwald aus den Augen.

Wenige Räume weiter befaßt sich eine 7. Gymnasialklasse mit Umweltfragen. Grundlage ist ein Film über eine Familie, die fünf Wochen umweltfreundlich gelebt hat. Mit allen Problemen in einer an sich umweltfeindlichen Umgebung. Es gibt heiße Debatten zum Für und Wider und ob man selbst in der Lage sei, konsequent umweltfreundlich zu leben. Mit zwei Sätzen im Ohr verlassen wir den Raum: Niemand begeht einen größeren Fehler „als jemand der nichts tut, weil er nur wenig tun könnte“. Dies war das Stundenmotto. Und dazu die Lehrerin noch einmal: „Schreibt eure Vorschläge auf! Ich möchte, daß ihr eure Familien damit quält.“ Vielleicht können Kinder und Jugendliche in der Tat die drängendsten sein, wenn es um Veränderung von Umweltverhalten geht.

Ein sehr nachdenklich machender Abschluß: Sechstkläßler der Hauptschule haben sich das Thema „Religion und Familienleben im Islam“ ausgewählt. Eine kleine Gruppe von Mädchen hat sich etwa gleichaltrige türkische Mädchen aus einer anderen Klasse eingeladen und befragt sie darüber, wie nach ihrer Tradition Eheschließungen zustandekämen. Selten habe ich einen so behutsam tastenden Dialog erleben können. Seitens der Fragenden und seitens der Antwortenden.

Ich weiß nicht, ob es ein Abwälzen von Problemen und von Schuld der Erwachsenen auf Kinder ist, wenn ich mitnehme: Vielleicht werden die, die heute noch Kinder sind, einmal einander besser behandeln, als wir das getan haben und täglich tun. Sofern es dann nicht schon zu spät ist.

(im Juni 1992)

… zum Beispiel an der 13. Regelschule in Erfurt:

„Ich würde lieber zu einem Lehrer gehen …“

Steckbrief der Schule

Oktober 1985	Eröffnung als Polytechnische Oberschule „Richard Gothe“
1. 09.1991	Arbeitsbeginn der Regelschule 13 (gemeinsam im Haus mit der Grundschule 16)
Kollegium:	20 Lehrer + 3 Lehramtsanwärter und 1 Fachleiter Physik Durchschnittsalter: ca. 35 Jahre
Schülerzahl:	260 (Zum neuen Schuljahr voraussichtlich 300)
05.03.1992	Gründung des Schulfördervereins 13. Regelschule e. V.
17.05.1992–22.05.1992	1. Projektwoche Thema: Mensch und Umwelt
23.05.1992	Erster Tag der offenen Tür
Mai 1993	Ausgabe der 1. Schülerzeitung (zukünftig 1 × pro Monat)
14.06.1992–18.06.1993	2. Projektwoche Thema: Et-was (?) aus meinem Leben machen!!
19.06.1993	Zweiter Tag der offenen Tür
27.07.1993	Schulwandertag vor der Zeugnisausgabe: alle Klassen wandern zu einem gemeinsam festgelegten Ziel; Picknick und geselliges Beisammensein. Soll künftig zur Tradition werden.

Ab Klassenstufe 7 erfolgt der Unterricht in abschlußbezogenen Klassen, d. h. in Hauptschulklassen und Realschulklassen.

Schüler der Realschulklassen belegen als Wahlpflichtfach die II. Fremdsprache „Russisch“ oder „Wirtschaft, Umwelt und Europa“ und obligatorisch das Fach „Wirtschaft und Recht“. Schüler der Hauptschulklassen belegen das Profilfach „Wirtschaft und Technik“.

An der Regelschule 13 existiert die einzige besondere 10. Klasse für die Stadt Erfurt (d. h. Schüler, die den qualifizierenden Hauptschulabschluß erreicht haben, haben die Möglichkeit, bei uns die mittlere Reife zu erwerben). Schüler der Klassen 8, 9 und 10 absolvieren jährlich ein Betriebspraktikum.

Kerstin Helmbold, Schulleiterin

In drei der neuen Bundesländer wurde für die Klassen 7 bis 10 eine neue spezifische Schulform eingeführt: in Sachsen die Mittelschule, in Sachsen-Anhalt die Sekundarstufe, in Thüringen die Regelschule.
Die Klassen 5 und 6 werden diesen Schulformen unterschiedlich zugeordnet. Die Regelschule in Thüringen schließt die Klassen 5 und 6 ohne spezifische Funktionszuweisung ein.
Im Thüringer Bildungsgesetz, das für eine Übergangszeit von zwei Schuljahren gilt, sind für die Regelschule folgende Aufgaben fixiert:
Die Regelschule mit den Klassenstufen 5 bis 9 und 10 vermittelt eine allgemeine und berufsvorbereitende Bildung und schafft Voraussetzungen für eine qualifizierte berufliche Tätigkeit. Ab Klasse 7 beginnt eine Differenzierung nach Schwerpunkten. Die Schüler können mit erfolgreichem Besuch der 9. Klassenstufe den Hauptschulabschluß (Berufsreife) oder mit erfolgreichem Besuch der 10. Klassenstufe und bestandener Prüfung den Realschulabschluß (Mittlere Reife) erwerben. Mit dem Realschulabschluß ist der Eintritt in die dreijährige Oberstufe an einem Gymnasium möglich.
Das Gymnasium beginnt mit der Klassenstufe 5. Ein Übertritt aus der Regelschule ist auch nach den Klassenstufen 5 und 6 zu ermöglichen – so heißt es gleichfalls im Gesetz.

Abb. 1. Das Gebäude der 13. Regelschule

Abb. 2. In einer Projektgruppe haben Schülerinnen u. Schüler die Straßen mit neuen Namen des Wiesenhügels erfaßt und dargestellt

Fotos: 13. Regelschule

Die Regelschule Nr. 13 in Erfurt steht auf dem Wiesenhügel. Heckenrosenweg 2. In der Nähe gibt es Hagebutten-, Sanddorn- und Mistelwege. Bis vor kurzem waren es Straßen der Waffenbrüderschaft oder der Sportler ...

Der Wiesenhügel umfaßt ein Neubaugebiet. Das Schulgebäude ordnet sich in das damit verbundene Konzept ein. Die Tristesse der Neubauten hält sich allerdings in Grenzen, weil Bäume, Sträucher und Rasenflächen auflockernd wirken. Die Schule selbst ist auf dem Wege zu einer *grünen* Schule: Auf dem Schulhof gibt es neu gepflanzte Bäume, einen im Mai gerade angelegten kleinen Teich, beginnen Rankenpflanzen die Schulwände hochzuklettern.

Im Gebäude selbst, das die Regelschule mit einer Grundschule teilt, finden sich Müllmonster (zur Abschreckung!), Zeichnungen, Plastiken, Pflanzen – kurz: auch das Innere der Schule ist alles andere als grau und eintönig.

Die Mittel für all das? Mehr als karg bemessen! Aber ein Förderverein hilft, so gut es geht. Üppig sieht es dennoch in der Schule nicht aus.

Ein Wort aber kennzeichnet die Atmosphäre an der Schule: Aufbruchstimmung. Immer noch oder schon wieder? Das ist für jemanden, der nur gleichsam eine „Blitzlicht-Aufnahme" machen kann, schwer zu beurteilen. Aber von Kerstin Helmbold, der jungen Schulleiterin, und ihrem Team geht so viel Elan und ansteckende Arbeitsfreude aus, wie das nur höchst selten anzutreffen ist. Aller verwalterischer Aufwand, alle Steine auf dem Weg, alle Probleme scheinen ihren Mut nicht brechen zu können.

Dabei ist das erste Thema, über das wir ins Gespräch kommen, alles andere als ermutigend. Die Schule hat viele Heimkinder, deren Probleme Kerstin Helmbold arg zu schaffen machen. Und dann gibt es in den 8. Klassen die Aussteiger: Mädchen vor allem, die ihre Eltern von heute auf morgen verlassen, nicht mehr zur Schule kommen, sich herumtreiben. Die 8., 9. und 10. Klassen, so meinen die Schuleiterin und ihre Stellvertreterin Sabine Haeßler, hat die Wende wohl am härtesten erschüttert. Sie waren 1989 in einer Zeit der Vorpubertät oder Pubertät, mit all den damit zusammenhängenden Problemen. Ob sie sich durch den politischen Umbruch eher befreit oder verunsichert fühlten, ist im Einzelfall unterschiedlich gewesen. Auf jeden Fall kam es gerade bei diesen Kindern und Jugendlichen zu einem Problemstau. Nicht mehr auflösbar im Elternhaus, und die Schule wurde ebenfalls gemieden.

Aber nun kommt ein bemerkenswerter Fakt: Die Schule resignierte nicht. Durch Mund-zu-Mund-Botschaften wurde verbreitet, daß die Mädchen sich in der Schule einfinden könnten, wann immer sie wollten. Man würde gemeinsam mit ihnen nach Möglichkeiten suchen, einen Abschluß zu erlangen, der ihnen berufliche Einstiegschancen böte. Kerstin Helmbold: „Es hätten ja auch meine Kinder sein können, die weggelaufen wären. Ich mache ja auch nicht alles richtig. Und Mädchen in diesem Alter sind nun einmal leicht verletzbar. Als Mutter oder Vater bleibt einem

Abb. 3 u. 4. Der neuangelegte Biotop ist zwar klein, hat sich aber mittlerweile zu einem Anziehungspunkt in allen Pausen entwickelt. Hier sind die Schülerinnen und Schüler noch bei der Arbeit an der „Grundausstattung“

Fotos: 13. Regelschule

häufig der Zugang zum eigenen Kind versperrt. Da können nur Außenstehende helfen. Und wir tun das eben."

Zufall: Heute kommt die Aussteigerin Eva (Name geändert). Sie war nach dem Ausbruch schon hin und wieder einmal in der Schule. Einen Tag, zwei Tage. Für länger hat die Kraft nicht gereicht. Heute kommt der Freund mit. Die Tränen fließen. Ab neuem Schuljahr wird sie die Schule wieder täglich besuchen. Sie möchte einen Abschluß haben. Der Freund hält das auch für richtig.

Die beiden Frauen, Schulleiterin und Stellvertreterin, ersparen Eva aber auch nicht die Aufklärung über die Mühen, die sie haben wird. Ein Schuljahr Zurückstufung. Und da ist auch noch die Sache mit den Haaren. Eva hatte lange blonde Haare. Wurde viel bewundert deshalb. Dann hat sie sich den Kopf kahl scheren lassen. Bis zur Wiederaufnahme des Schulbesuchs will sie die Haare wachsen lassen. Zunächst wird sie ganz schrecklich aussehen. Man wird in der Klasse über sie lachen. Das muß sie aushalten!

Zum Unterricht: Kerstin Helmbold empfiehlt, in den Unterricht im gesellschaftskundlichen Bereich zu gehen. Da habe sich am meisten verändert. Wir gehen gemeinsam. In der 9b, bei Monika Sandner, steht „Die Clique vom Wiesenhügel" auf dem Plan. Ein Video, das mit einer anderen 9. Klasse während der ersten Projektwoche an der Schule vom 18. bis 22. Mai 1992 gedreht wurde. Aktuelle Probleme wurden aufgegriffen, die seit Monaten immer wieder Gesprächsgegenstand sind: Ausländerhaß, Drogen, Gewalt. Die Klasse hat selbständig die Drehbuchtexte geschrieben und stellte auch die Spielszenen selbst dar. Monika Sandner hat gedreht. Alles völlig unprofessionell. Aber eben das verhilft dem Video zu einer anrührenden Direktheit, Dichte und natürlichen Ausstrahlung.

Die 9b betrachtet das Ergebnis aus der Parallelklasse mit höchstem Interesse. Kommentare, ironisches Lächeln gehören dazu. In Meinung und Gestik spiegeln sich Zustimmung, Zweifel, Betroffenheit.

Der Inhalt: Die Clique vom Wiesenhügel trifft sich regelmäßig, um ihre Null-Bock-Stimmung gemeinsam auszuleben, ist aber ansonsten recht harmlos. Eines Tages tauchen Neue in der Clique auf (T-Shirt: Ich bin stolz, ein Deutscher zu sein!), schleppen Alkohol und Joints ein, bringen die Beziehungen in dre Clique durcheinander. Es kommt zu Schlägereien wie auch zu williger Unterwerfung unter Drogen- und Alkoholkonsum. Das alles wird direkt und deutlich ausgespielt. Von Cool-Sein ist nichts zu spüren. Wie in einer klassischen Tragödie rast die Handlung auf den Abgrund zu. Bis, ja bis die alte Anführerin der Clique (Ein Mädchen, man bedenke!) sich aufrappelt und sagt: „Das haben wir nicht gewollt. Hier müssen wir raus!" Ende des Videos. 2. Teil des Films: Auf einer Drogenberatungsstelle. Doch der zweite Teil wird nicht vorgestellt. Jetzt wird über den ersten Teil debattiert.

Vor dem Ansehen des Videos gab Monika Sandner so etwas wie eine grobe Zielorientierung: Die Problemfelder, die den Schülerinnen und Schüler auffielen, sollten notiert werden.

Nach dem Ende des Films werden fünf Problemfelder an der Tafel zusammengetragen, durchsetzt mit vielen Kommentaren, in denen sich Betroffenheit und Bissigkeit mischen:

- Trinken / Drogen
- Ausländerhaß
- Null-Bock-Stimmung
- Gewalt
- Beziehungen.

Die 9b reflektiert vor allem den Wert von Cliquen. Dort fühle man sich verstanden. Viele finden ein solches, sich zunächst auf ganz elementare Probleme beziehendes Verhältnis zu Hause nicht mehr. Wegen Existenzangst und Arbeitslosigkeit der Eltern. Aber nicht nur deshalb. Auch Eltern, die berufstätig sind, haben häufig „keinen Draht“ mehr zu ihren Kindern. Die 15- bis 16-jährigen brauchen aber Ansprechpartner (sogar für gegenseitiges Anschweigen!). Daher sind Alkohol und Drogen mitunter gar nicht mehr weit entfernt.

Dann formieren sich zwei Diskussionsparteien: Wie kommt man wieder heraus?

Die eine Gruppe setzt auf Hilfe von außen. Beispielsweise über Vertrauenspersonen und Beratungsstellen. Die andere auf Selbsthilfe: „Wenn man selbst keine starken Motivationen hat, kann einem ein anderer auch nicht helfen.“ Zwischenruf: „Was ist denn nach deiner Meinung ein starkes Motiv?“

Quer durcheinander: „Du willst unbedingt eine Lehrstelle haben.“ „Du hast eine neue Beziehung und willst die nicht enttäuschen.“ „Du mußt kurz vor dem Tod gestanden haben.“

Impuls der Lehrerin: „Und man braucht überhaupt keinen Menschen? Schafft alles allein?“ Die andere Diskussionspartei kommt zum Zuge. Zunächst jedoch Stille. Nachdenklichkeit. Dann ein Junge: „Mir könnte aber nur jemand helfen, zu dem ich großes Vertrauen hätte, und der mich irgendwie noch achtet.“ Zwischenruf: „Würdest du das bei deinen Eltern finden?“

„Denen würde ich nichts sagen, die haben selbst genug Probleme. Und viel zu wenig Zeit für mich. Eltern kriegen manchmal gar nicht mit, was für Mist ihre Kinder machen. Und rausschmeißen würden die mich auch.“

Weiterer Zwischenruf: „Also sind die Eltern für dich out?“ „So nun auch nicht. Aber ich würde wahrscheinlich lieber zu einem Lehrer gehen als zu ihnen.“

Ein anderer: „Da ist ja noch ein Problem. Auch wenn die Eltern Zeit haben, sind sie oft nicht ansprechbar. Arbeitslose hätten ja genug Zeit. Aber ihre Stimmung ist einfach nicht so!“

Ein Mädchen: „Ich denke, es ist viel besser, wenn man die Probleme in der Clique löst. Die Cliquen sind doch dazu da, daß man miteinander spricht.“

Ein anderes Mädchen: „Aber dann gibt es noch den Punkt, wo man nicht weiterkommt. Ich würde schon zu einer Drogenberatungsstelle gehen.“

Die Stunde ist zu Ende. Zum Glück – wie das an vielen Schulen für mich erlebbar war – ist das hier auch wieder ein sozusagen offenes Ende. In der nächsten Stunde will sich die 9b das Video über die Drogenberatungsstelle ansehen. Dann wird es sicher wieder hoch hergehen: Was schafft man allein, wann braucht man Hilfe, unter welchen Bedingungen nutzt Hilfe „von außen"?

Die Klasse verläßt den Raum; einer sagt leise und fast unhörbar: „Na, Freundschaft!"

Das Fach, das in der 8a unterrichtet wird, gibt es nur in Thüringen: Wirtschaft und Recht. Heute geht es um Geld und seine Funktionen. Sabine Haeßler, ausgebildete Polytechnikerin, unterrichtet. 12 Schüler sind in der Klasse. Die, die einen Realabschluß anstreben. Für die anderen gibt es dieses Fach nicht.

Obwohl die Achtkläßler mittlerweile genügend über den Wert des Geldes wissen, tun sie sich etwas schwer mit dem Verständnis seiner Funktionen. Sabine Haeßler meint im Anschluß, die Schülerinnen und Schuler seien gehemmt gewesen.

Drei Punkte gibt es, wo das Interesse spontan aufflammt. Sie sind zum einen verwundert, daß ein Pfennig nach den Herstellungskosten das teuerste Geldstück ist, 2.5 Pfennige kostet, wohingegen bei allen anderen Geldstücken der Herstellungswert unter dem Nennwert liegt. Das können sie so leicht nicht fassen.

Zum zweiten interessiert sie sehr, ob ein Geschäftsmann vom Kunden einen großen Sack von Pfennigen annehmen müsse. Sie scheinen enttäuscht zu sein, daß gesetzlich festgelegt ist, man dürfe nur 500 Pfennige auf einmal als Zahlungsmittel einsetzen. Und nur 20 Mark in Stücken. Man merkt ihnen an, daß sie gern jemandem eine riesige Menge Pfennige rübergereicht hätten. Vielleicht denken mehrere sogar an denselben Laden? Interesse – eigentlich mehr Verlegenheit – ruft auch der Begriff „Scheidemünze" hervor. Kichern, teils sogar Erröten bei Mädchen und Jungen. Allzu abgebrüht also können sie noch nicht sein. Sabine Haeßler rettet die Situation: „Vergessen wir das, was ihr denkt, wir sind nicht im Biologieunterricht." Neugierig schaue ich noch in einige Hefte. Schulfrust scheinen die Mädchen hier nicht zu haben. Davon zeugt die teils akribische Heftführung und die nahezu künstlerische Gestaltung der Hausaufgabenhefte. Da wurde geschnitten, gefaltet, beklebt, bemalt. Nicht kitschig, sondern mit vielen Ideen.

Ein anderes Heft macht mich betroffen. Wiederum das eines Mädchens: Die meisten Texte sind oberflächlich geschrieben, ohne jeglichen ästhetischen Anspruch. Und dann steht da plötzlich auf einer halben Seite in großen Buchstaben schönster Schrift und knalligen Farben: „Ich hasse dich!" Nina (Name geändert) merkt, daß ich stutze. Sie sagt einfach: „Das hat schon seine Richtigkeit, das mit dem Haß!" Ich überlege: Ist es nicht oft so, daß Menschen auf ihren Haß und die Art, ihn auszuleben, viel mehr an Ideen und Sorgsamkeit verwenden als auf Zuwendung, Normales? Im großen wie im kleinen! vielleicht ist das aber auch viel zu weit hergeholt …

Den „gesellschaftswissenschaftlichen Zyklus“ an der 13. Regelschule schließt Geschichte in der 7b bei Berit Roller ab. Es geht um das Frankreich von 1789. An der Tafel steht: Die Große Revolution der Franzosen. Nico, dem Geschichtsgenie, ist die Formulierung zu kindlich. Er hält sich an die gängige Ausdrucksweise in Wissenschaft und Geschichte: „Die Französische Revolution“ von 1789.

Die Stände-Problematik wird besprochen. Mit großem Eifer setzen die Kinder ein Puzzle aus einer zeitgenössischen Karikatur zusammen, das zeigt, wie alle Stände auf dem Bauern lasten. Nico weiß schon nahezu alles über die Ereignisse, hat viele Bücher gelesen und eine fertige Strategie parat, als Berit Roller anregt, darüber nachzudenken, wie denn eine solche Revolution hätte durchgeführt werden können: „Mit kleinen Aufständen in den Grafschaften beginnen. Dann vor das Königshaus ziehen, den König verhaften und umbringen. Und anschließend die Verwaltung ändern ...“

Das „Umbringen“ ruft Proteste hervor.

Umso stiller werden die Mädchen und Jungen, als sie erfahren, daß der König in der Tat guillotiniert wurde. Für die Todesstrafe scheint keiner in der 7b zu sein. Auch wenn es in der Geschichte so war und schon lange vorbei ist.

Unterricht im gesellschaftswissenschaftlichen Bereich! Außer dem Wandel in den Themen, beginnt Unterrichtsgestaltung sich hier grundlegend zu verändern: Eigene Ideen sind gefragt, bei Lehrern wie bei Schülern – die Lehrerinnen beginnen ihre methodischen Freiräume auszuschöpfen.

Die angenehme Atmosphäre, die man vor und in der Schule spürt, hat sich in den Beziehungen zwischen Lehrerinnen und Schülern und Schülerinnen im Unterricht fortgesetzt.

(im Juni 1992)

... zum Beispiel an der IGS Kastellstraße in Wiesbaden:

Wir-Gefühl und Ich-Autonomie sollen gestärkt werden

Steckbrief der Schule

Vor weniger als zwei Jahren durch Erlaß „errichtet“, hat die Integrierte Gesamtschule Kastellstraße inzwischen zu klaren pädagogischen Konzepten und schulischen Arbeitsformen gefunden.

Getragen von dem Wunsch, von der Chance, hier eine Schule von Grund auf zu konzipieren, Vorbilder einzubeziehen und die eigenen langjährigen Erfahrungen aus den Förderstufen, Gesamtschulen, Gymnasien, Haupt- und Realschulen einbringen zu können, hat es das Kollegium in dieser Zeit geschafft, in der tagtäglichen Arbeit nicht nur ein Bild, eine Vision zu erzeugen, sondern sichtbar eine Schule zu errichten, die mit ihrem Konzept einen Platz in der Wiesbadener Schullandschaft hat. Die Nachfrage von Eltern, aber auch das Interesse von Kolleginnen und Kollegen der Grundschulen bestätigen das.

Integrierte Gesamtschule heißt für uns in zweifacher Hinsicht Integration:

- Lernen im Zusammenhang, d.h. die komplexen Vorgänge unserer Umwelt werden nicht vorab zerlegt in Fächer, sondern möglichst in Form von Projekten in der Zusammenschau der verschiedenen Fächeraspekte erarbeitet.
- Gemeinsame Gestaltung des Lebens und Arbeitens in der Schule – Gelegenheit für alle Kinder, ihre Erfahrungen, Fähigkeiten einzubringen und zu lernen, die Interessen anderer und die eigenen abzuwägen, auszuhandeln, zu entscheiden.

Die Schule ist bei uns damit kein künstlicher Raum für die Vorbereitung auf ein „Nachher“, sie ist „echtes“ Leben mit realen Herausforderungen.

Ein solches Konzept ist in sich abgestimmt und bezieht auch das Gebäude und gerade die Gestaltung der Räume mit ein. Das heißt für uns, daß wir in der Kastellstraße eine kleine Schule mit 3 Klassen je Jahrgang sein werden – also ca. 450 Schülerinnen und Schüler in den Jahrgängen 5 bis 10.

Entscheidend für uns ist die Bereitschaft von Eltern, die Ziele dieser Schule mitzutragen. Integration baut auf gegenseitiges Akzeptieren ohne Ausgrenzung – d. h. alle Schülerinnen und Schüler nehmen an allen Vorhaben und Veranstaltungen der Schule teil.

Unser Konzept zielt auf die vielfältige Förderung aller Kinder und keine einseitige Ausrichtung; wir wünschen uns daher auch keine einseitige Schülerschaft.

Gerd-Ulrich Franz, Schulleiter

130 Anmeldungen gab es zum Schuljahr 1992/93 für die Integrierte Gesamtschule Kastellstraße in Wiesbaden. Annähernd 80 konnten berücksichtigt, 50 Kinder mußten abgewiesen werden. Die Präferenzen gehörten den Kindern der drei Grundschulen aus der unmittelbaren Umgebung.

Die Schule existiert seit 1988 und liegt in einem Sanierungsgebiet, ist rings von Altbauten umgeben. Annähernd 40 Prozent der Bevölkerung sind ausländische Bürger. In den Klassen gibt es etwa zu je einem Drittel Kinder anderer Nationalitäten. Aus dem nahegelegenen Nerotal, einem Villenviertel, werden noch nicht allzu viele Kinder in die IGS geschickt.

Die Markenzeichen dieser Schule: Überschaubarkeit durch Dreizügigkeit von Klasse 5 bis Klasse 10, Aufrechterhaltung der Klassengemeinschaften, keine Verkursung. Und wenn man etwas tiefer dringt: Die Schule will Wir-Gefühl und Ich-Autonomie gleichermaßen entwickeln und zu Selbständigkeit erziehen. Die Lehrerinnen und Lehrer fühlen sich nicht als Stoffvermittler, sondern als Pädagogen. Es gibt täglich einen offenen Anfang des Unterrichts. Gearbeitet wird nach Wochenplänen und das Lernen in zeitlichen und fachlichen Zusammenhängen (Epochen) ermöglicht.

Die Schule will Lebensraum für die Kinder und Jugendlichen sein, und jeder Schüler soll das Gefühl haben, gebraucht zu werden. Zwei „Spitzentexte" im Schulhaus

Abb. 1. Das Gebäude der Schule

zeugen davon. Der erste: „Wie Sonnenlicht aus bunten Farben besteht, besteht eine Schule aus bunten Schülertypen. Alle Farben sind wichtig, um die Sonne lachen zu machen. Alle Typen sind wichtig, um die Schule lebendig zu machen." Der zweite: „Non vitae, sed scholae discimus." Mit großem Abstand steht darunter: „Non scholae, sed vitae discimus." Und dazwischen die Provokation: „Schule *ist* Leben!" Eigentlich müßte dies für alle Schulen eine Selbstverständlichkeit sein. Daß dies bei weitem noch nicht der Fall ist, belegen nahezu täglich Papiere mit Forderungen von Verbänden und Vereinen. Und bei den offensichtlich in immer mehr Bundesländern ins Haus stehenden Lehr- und Rahmenplan-Arbeiten wird man nicht umhinkommen, vor allem über Schule als Lebensraum neu nachzudenken und sich auch den Konsequenzen auszusetzen.

Die 5c schleppt ihre Stühle auf den Hof. Die Neulinge haben sie von den 8. Klassen „geerbt". Für die 9. und 10. Klassen gibt es neue Stühle, jetzt sogar ein völlig neues Mobiliar, weil die Schule das Glück hatte, einen Neubau zu bekommen. Die Finanzen waren noch vor der deutschen Vereinigung bewilligt worden. Sonst, so vermutet Gerd Ulrich Franz, der rührige Schulleiter, wäre die Schule wohl kaum in den Genuß des Neubaus gekommen.

Die Lehnen der „Erbstücke“ sind mit grellgelber Farbe grundiert und mit Mustern, Figuren, Zeichen in ebensolch grellen Farben bemalt. Die 17 Schülerinnen und Schüler der 5c geben den Stühlen nun *ihr* Gesicht. Ausdruck dafür: Das ist meine Schule, dies ist mein Platz in meiner Klasse, diesen Platz gestalte ich individuell, er gehört ab heute zu meinem Ich wie ich zu meiner Klasse gehöre.

Doch bevor es an das „künstlerische Schaffen“ geht, bekommt jedes der 17 Kinder ein Stück Schleifpapier und muß die Spuren der 8. Klasse tilgen. Die meisten sind ungeübt im Umgang mit dem rauhen Papier, aber nur ein Junge wird nach ungefähr 50 Minuten wütend, weil die Arbeit so mühsam ist und der Erfolg auf sich warten läßt. Die anderen quälen sich redlich: Der eine geht sehr systematisch vor, der andere reibt wild drauf los, der Dritte wiederum sucht sich einen Stein, umwickelt den mit dem rauhen Papier und kommt – so beschwert – rascher zum Ziel. Blasen bleiben nicht aus. Wenn die Arbeit jemandem gar zu sauer wird, hilft ein anderer. Sredko ist ein absoluter Profi und kann anderen manch gute Ratschläge geben.

Mich interessiert, welche Zeichen, Muster, Symbole die 5c für ihre Stuhllehnen wählen wird und schrecke fast über die Schlichtheit der Vorstellungen zusammen: ein Herz, eine Blume, ein Katzenkopf, ein Pferd, ein Hund ... Trotz überreichen Angebots an Fernsehen, Videos, ausgeklügeltem Spielzeug, greifen Kinder auf ganz einfache Ideen und Mittel zurück, wenn es um Selbstverwirklichung durch Eigenbetätigung geht. Ob Pädagogen darüber nicht viel mehr nachdenken sollten?

Die Grundfarbe soll übrigens rot sein. In demokratischer Abstimmung wurde so entschieden.

Eine wichtige Erfahrung für die Kinder: Schleifpapier darf nicht verschwendet werden. Die finanziellen Mittel der Schule sind begrenzt. Da muß das Papier schon ordentlich genutzt werden. Die Kinder begreifen das schnell. Nach anfänglich sehr sicher vorgetragenen Forderungen nach neuem Papier, werden sie kritischer sich selbst gegenüber. Und die ganz Vorsichtigen kommen und fragen sogar: „Mit welcher Stelle kann ich noch schleifen ...?“

Jochen Dohm und Renate Schüdlo-Büchler bestreiten den Unterricht in Polytechnik gemeinsam. Beide sind neu an der Schule, Renate Schüdlo-Büchler war zuvor an einem Gymnasium tätig, hatte das Gefühl, sich nur noch auf eingefahrenen Bahnen zu bewegen, brauchte nach 14 Jahren etwas Neues, eine Irritation. Hier hat sie gefunden, was sie gesucht hat.

Die Inbesitznahme der Stühle ist nur einer der Riten, auf die die Schule großen Wert legt. Hierzu gehört auch, daß jedes Kind einer neuen Klasse ein Teil eines Puzzles erhält. Zusammengesetzt, ergeben die Teile das Klassenkennzeichen, das die Klassenzimmertür von außen vom ersten Tag des Aufenthaltes an der Schule an markieren wird. Dieser erste gemeinsame Akt der Kinder wird an der Schule für äußerst bedeutsam gehalten: ein Baustein zur Entwicklung des Wir-Gefühls in der Klasse.

Abb. 2. Pause in der 9c im neuen Gebäude
Foto: Ursula Drews

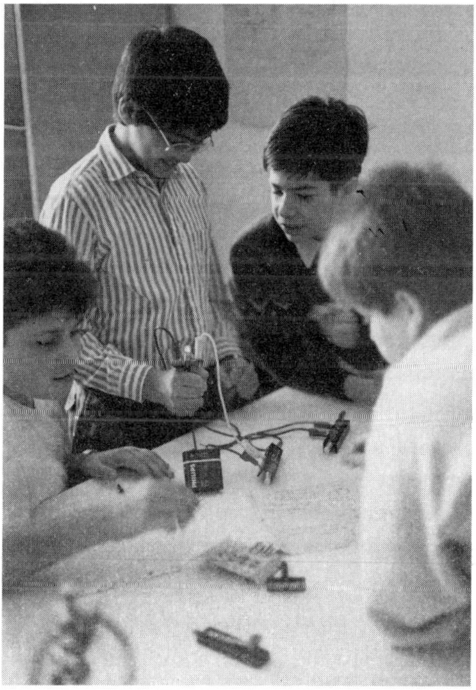

Abb. 2. Eckenarbeit
Foto: Schule

Das Wir-Gefühl reicht aber auch über die Klasse hinaus. Für jede Klassenstufe wurde ein Jahrgangstreff, eine Art Sozialbereich, eingerichtet. Manchmal durch Umbau eines Klassenzimmers. Offen zugänglich für alle drei Klassen eines Jahrgangs. In den Pausen kann man sich dort unterhalten, spielen, Musik hören, Geselligkeit pflegen. Wenn man nicht möchte, muß man nicht auf den Hof gehen, sondern kann die ganze Pause im Jahrgangstreff verbringen. Die Ausgestaltung ist keineswegs üppig, die Schülerinnen und Schüler entscheiden selbst, wie ihr Treff aussehen soll und malen, modellieren nach Maßgabe ihrer eigenen Mittel und Kräfte.

Unterricht in einer 7. Klasse: Diplomwoche. Von Montag bis Donnerstag. In der Diplomwoche, die jeweils entweder gegen Ende der 6. oder zu Beginn der 7. Klasse stattfindet, erwerben die Schülerinnen und Schüler zwei allgemeine „Eckendiplome". Diese berechtigten zur selbständigen Arbeit in den Ecken der Schule, die sich auf den jeweiligen Fluren befinden. Dort kann man Bücher binden, löten, mikroskopieren usw. Aber man muß es zuvor gelernt haben. Renner in diesem Schuljahr: Audio, Mikroskopieren, Schreibmaschineschreiben, Computer.

Bei Isanna von Perbandt, Kunterzieherin, werden Linolschnitte produziert. Von Montag bis Donnerstag je drei Stunden täglich. 14 Mädchen und Jungen wollen hier ein Diplom haben. Die meisten Linolschnitte sind schon fast fertig, heute erhalten sie den letzten Schliff, werden mit Farbe bestrichen und bedruckt.

Isanna von Perbandt gibt noch behutsam Hinweise: wenn ein Baum noch einige Verästelungen vertragen kann, die Platte allzu große „Leerstellen" hat, die Farbe zu dick aufgetragen wurde. Die Güte des Produkts ist auch nur eines der Kriterien für die Erlangung des Diploms. Andere Kriterien sind im Bereich der technischen Bewältigung der Aufgabe und ihrer theoretischen Grundlegung angesiedelt.

Ein Diplom wird nicht verschenkt. Die Kinder arbeiten zwar mit Begeisterung, aber auch in Kenntnis einer Ernstsituation: in Erwartung der Diplomfragen am Ende der Arbeitsetappe. Fünf Fragen sind zu beantworten, zum Beispiel „In welcher Reihenfolge liegen Druckplatte, Papier und Farbe beim Drucken? Was schneidet ihr weg, das Weiße oder das Farbige?" Oder: „Nenne drei Schneidemesser! Schreibe dazu, welche für Linien und welche für Flächen eingesetzt werden!" Und eine Frage nach dem Arbeitsschutz fehlt ebenfalls nicht.

Die Mädchen und Jungen gehen nach vorn, ihr Ergebnis wird sofort durchgesehen. Den angespannten Gesichtern, der Stille im Raum merkt man an, wie wichtig den Kindern das Diplom ist. Wer es geschafft hat, bekommt das Papier und wird beglückwünscht. Ein Ritual, um die Bedeutsamkeit des Diploms noch zusätzlich zu heben. Nicht alle haben es geschafft. Ihnen werden Nachholemöglichkeiten eingeräumt.

Die Diplome – so Schulleiter Gerd-Ulrich Franz – spielen auch eine wichtige Rolle bei der Arbeit an Projekten. Sie verweisen darauf, wer als Spezialist wofür besonders eingesetzt werden kann.

In der 9c wird an einem sogenannten freien Vorhaben gearbeitet. In den Klassen 9 und 10 werden pro Jahr vier Vorhaben, zwei freie und zwei feste, bearbeitet. Die Stunden werden dem Wahlpflichtbereich entnommen. Über einen Zeitraum von acht Wochen hinweg stehen in den 9. Klassen drei zusammenhängende Stunden pro Woche für die Arbeit an einem Vorhaben zur Verfügung. Hausarbeiten gehören dazu, wobei vieles hier der eigenen Initiative überlassen bleibt. Sinn der Vorhaben ist, von der Themenwahl über die Zeiteinteilung, die Beschaffung von Material, die Gewinnung von Interviewpartnern, das Fixieren und die Präsentation der Ergebnisse den Schülerinnen und Schülern absoluten Freiraum zu geben und sie selbständig und autonom arbeiten zu lassen.

Birgit Mehlhorn, die mit der 9c arbeitet, gibt Ratschläge, spricht mit den Schülerinnen und Schülern über die Zeiteinteilung, mahnt „Tempo" an – wenn erforderlich – bestätigt, lobt, ist kritische Partnerin.

Die Fülle der selbstgewählten Themen überrascht: Prostitution, die Wikinger, die UFOS, Flugzeuge und Fliegen, Geschichte und Wirtschaft der USA, der Bau eines Bumerangs.

Florian hat sich ein besonders anspruchsvolles Thema vorgenommen und Berge von Büchern auf seinem Platz aufgetürmt: das Judenproblem. Grundlage jeglicher Arbeit an einem Vorhaben sind Fragen. Florian hat für sich folgende Fragen formuliert: 1. Wann kamen die ersten Juden nach Wiesbaden? 2. Brachten sie neue Handwerkskünste mit? 3. Wurden sie von Anfang an mißachtet oder erst seit der Zeit Hitlers? 4. Wie viele lebten eigentlich in Wiesbaden? 5. Lebten sie in bestimmten Vierteln? 6. Wie entwickelte sich ihre Religion? 7. Gab es keine Fehden zwischen der jüdischen Religion, der evangelischen oder der katholischen? 8. Durften Juden auch auf höheren Posten arbeiten, zum Beispiel als Bürgermeister oder Polizeichef? 9. Was passierte genau in der Reichskristallnacht? 10. Gibt es in Wiesbaden oder um Wiesbaden herum alte Judenlager oder Judengefängnisse? 11. Wieviele Juden sind in Wiesbaden umgebracht worden?

Birgit Mehlhorn empfiehlt Florian, über die Fülle seiner Fragen nochmals nachzudenken und sich gegebenenfalls auf die Zeit des Nationalsozialismus zu beschränken.

Florian will darüber nachdenken. Man spürt, wie schwer es ihm fiele, sich von der einen oder anderen Frage zu verabschieden. Sein Interesse an der Thematik ist in Klasse 8 bei der Behandlung des Nationalsozialismus erwacht. Nur ganz langsam fängt er an, seine Fragen zu sondieren …

Die Themenwahl ist für jeden Pädagogen höchst aufschlußreich. Renate Kroha, die pädagogische Leiterin der Schule, und Gerd-Ulrich Franz meinen, daß es wenige Möglichkeiten gäbe, die so viel Auskunft über Denken, Interessen und Empfindungen von jungen Menschen vermitteln wie diese selbstgewählten Themen für Vorhaben. Auch wenn sie zuweilen etwas ratlos machen: Warum entscheiden sich

Mädchen und Jungen, deren Umfeld man zu kennen glaubt, für solche Themen wie Kindesmißhandlungen und Selbstmord?

Die festen Vorhaben können aus fünf Vorhaben ausgewählt werden. Feste wie freie Vorhaben werden bewertet und benotet. Einbezogen werden dabei das Arbeitsergebnis, der Arbeitsprozeß, die Präsentation des Ergebnisses, die Arbeitshaltung, einschließlich der Hilfe untereinander.

Jeder stellt sein Arbeitsergebnis vor der Klasse vor. Die Auswahl des für die anderen Wichtigen und Wesentlichen und die geschickte Visualisierung gehören dazu. Die Klasse entscheidet, welche der Themen (drei bis vier) dem ganzen Jahrgang präsentiert werden sollten. Die Schülerinnen und Schüler erhalten alle ein Gutachten in Briefform und dann natürlich eine Note auf dem Zeugnis.

Solcherart selbständiges Lernen wird von Klasse 5 an „trainiert“. Dort zunächst mit einer Stunde freier Arbeitszeit nach Wochenplan. Es erfolgt eine allmähliche Erweiterung bis Klasse 8 auf 5 Stunden Wochenplanarbeit. Die Diplome in Klasse 7 spielen dabei eine besonders wichtige Rolle. Da das Selbständigkeitskonzept derzeit seinen ersten „Durchlauf“ hat, sind die Kolleginnen und Kollegen dabei, seine Effektivität zu überprüfen. Als Nahtstelle hat sich die Klasse 8 herausgestellt. Ihr wird in den nächsten Wochen konzeptionell die größte Aufmerksamkeit gelten.

(im August 1992)

… zum Beispiel an der Grundschule am Gernerplatz in München-Puchheim:

„Am liebsten möchten wir eine Stunde Freiarbeit mehr haben"

Steckbrief der Schule

Die Grundschule am Gernerplatz in München-Puchheim ist dreizügig. 352 Kinder besuchen die Klassen 1 bis 4; insgesamt hat die Schule 12 Klassen.

20 Lehrkräfte arbeiten an der Schule. Unter ihnen befinden sich zwei Männer. Das Durchschnittsalter beträgt 44 Jahre.

Die Schule wurde 1969 gebaut. Die Gemeinde ist sehr schulfreundlich eingestellt. Auf ihre Unterstützung kann die Schule jederzeit rechnen – ebenso wie auf die der Eltern.

In München-Puchheim befinden sich noch eine weitere Grundschule sowie ein Gymnasium, eine Realschule und zwei Hauptschulen.

Von der Grundschule am Gernerplatz gingen wichtige reformerische Initiativen aus – vor allem zur Einführung von Freiarbeit an den Grundschulen.

Nach Materialien und Auskünften der Schule zusammengestellt

Offener Unterrichtsbeginn in der 4b. Da kommt niemand aus dem Konzept, wenn mir neun der Mädchen am Morgen eine halbe Stunde lang erst einmal das Schulhaus zeigen. Ein gepflegtes Schulhaus. Die Gemeinde, die innerhalb weniger Jahre von 5000 auf 20000 Einwohner angewachsen ist, läßt sich ihre Schule etwas kosten. Weiträumigkeit außen wie innen, ein Schwimmbad, ein kleiner Sportplatz, viele Möglichkeiten für Begegnungen und Gespräche im Schulhaus. Dazu überall Poster, Schaukästen, Arbeitsergebnisse der Kinder.

Die neun Mädchen gehören zur Klasse von Helga Müller-Bardorff: Grundschullehrerin, Konrektorin an der Schule, Betreuungs- und Beratungslehrerin, Lehrbeauftragte für Grundschulpädagogik an der Ludwig-Maximilians-Universität in München. Und vor allem eine der bekanntesten Protagonistinnen Freier Arbeit in der Grundschule. Die Wünsche an sie, Fortbildungsveranstaltungen in alten wie neuen Bundesländern zu bestreiten, sind kaum noch zu zählen. Sie selbst schreibt: „Vor zehn Jahren, als ich mit der Freien Arbeit in meiner Klasse begann, war ich zunächst Einzelkämpfer. Die Überzeugung, daß diese Lern- und Arbeitsform genau das war, was die Kinder brauchten, trug über die nicht einfache Anfangssituation hinweg. Vor allem waren es die Kinder, die mir durch ihr begeistertes Mitmachen zeigten, wie sehr ihnen die gemeinsame Umstellung des Klassenzimmers, das Angebot von Arbeitsmaterialien und freier Arbeitszeit entgegenkam.“ (Praxisheft: Freie Arbeit in der Grundschule, Domino-Verlag, München 1992, S. 45)
Im Morgenkreis sprechen die Kinder nun selbst darüber, was ihnen an freier Arbeit gefällt. Daniela: „Das ist sehr abwechslungsreich. Man kann auch spielen.“ Bernhard: „Wir machen oft Ausflüge, feiern Feste und bereiten alles gemeinsam vor.“ Franz: „Ich finde es dumm, daß man auch Pflichtaufgaben machen muß.“ Viele andere widersprechen sofort: „Das muß aber auch sein!“ Lena: „Ich finde es toll, daß man nicht für sich alleine arbeiten muß, sondern mit den anderen gemeinsam arbeiten kann. Da kann man sich gegenseitig helfen, zum Beispiel Fehler korrigieren.“ Dennis: „Ich finde unsere Schaukästen und die Zeitleiste gut.“ Anna: „Mir gefallen die Übersichten an den Wänden. Da kann man rasch mal ‘spicken’, wenn man nicht mehr weiter weiß.“ Marianne: „Am besten finde ich, daß wir unsere Hausaufgaben immer von Freitag zu Freitag bekommen. Da kann ich mir alles selbst einteilen. Mal mache ich viel, mal mache ich wenig.“ Helga Müller-Bardorff dazu: „Die Kinder machen mich fast kaputt. Sie arbeiten viel zu viel. Und ich muß (und will auch) mir ja alles ansehen!“

Das, was die Kinder sagen, geht natürlich weit über die mit Freiarbeit verbundenen Intentionen hinaus, berührt viele weitere Fragen der Öffnung von Unterricht. Es ermutigt, wenn Kinder ein ihnen zugewandtes Unterrichtskonzept so klar erkennen, annehmen, es auch zu ihrem Konzept machen.

Gab es keine Stolpersteine auf dem Weg zu einer neuen Art von Unterricht? Andy: „Na ja, eine Zeitlang hat es nicht geklappt. Da waren wir zu laut. Der Unterricht

Abb. 1. Freiarbeit – die Köpfe rauchen

Abb. 2. Freiarbeit: „Was machst du denn gerade?"

Fotos: Helga Müller-Bardorff

wurde dann wieder anders gemacht: 8 Uhr Unterrichtsbeginn. Alle hinsetzen, Bücher raus. Still sein! Na, wie eben normaler (!) Unterricht so ist. Wir haben uns unterhalten, ob wir so oder so weitermachen wollten und uns wieder für die Freiarbeit entscheiden. Aber eben auch dafür, daß wir uns an die Regeln halten wollen."

Heute morgen müssen auch wieder Regeln eingehalten werden. Die Kinder bereiten sich auf die morgige Landkreisfahrt vor. Sie haben sich bereits im Vorfeld geeinigt, wer zusammenarbeiten möchte. Jede Gruppe konnte sich eine Sehenswürdigkeit aussuchen, die sie den anderen erklären möchte.

Die Gemeinde hat einen Bus gemietet. Die Gruppen werden ans Mikrofon treten – wie echte Reiseführer – und den anderen ihre Kenntnisse mitteilen: Die Flößer auf der Amper werden dabei ebenso eine Rolle spielen wie die St.-Willibald-Kirche, die Sunderburg bei Schöngeising oder das Ulrichsbrünnlein bei Grafrat. Übrigens – Telefongespräch in der Pause – verweigert eine Kirche der Klasse den Zutritt. Empörung bei Helga Müller-Bardorff: „Man könnte doch froh sein, wenn Schulkinder sich für die Kirche interessieren!" Wie ich sie kennengelernt habe, wird sie aber wohl doch an den Schlüssel herangekommen sein. Doch vorerst ist noch zu arbeiten. Die Gruppen ziehen sich mit Büchern, Fotokopien, Ansichtskarten zurück. Zwei Jungen gehen in den sich anschließenden Gruppenraum, setzen sich auf die Polsterkissen und lesen sich gegenseitig aus dem Geschichtsbuch vor, beraten, was sie für wichtig halten, treten dann an einen Tisch, machen sich Notizen. Die anderen Paare, die Dreier- und die Vierer-Gruppen gehen ähnlich vor. Beeindruckend ist, wie sich die Kinder über das Wesentliche verständigen. Und jede Gruppe hat nur ein Schreibblatt zur Verfügung, auf dem der „Gruppentext" festgehalten werden soll. Die Arbeitsweise fasziniert mich: Es gibt keinen „Gruppenschreiber", sondern das Blatt wandert von einem zum anderen. Nach gemeinsamer Beratung schreibt jeder seinen Satz oder seine Sätze auf. Gemeinsam begutachten sie noch einmal ihren Text. Meine Frage, wer denn morgen im Bus am Mikrofon den Text vortragen werde, löst Erstaunen aus. „Na alle", sagen sie. „Wie das denn?" frage ich, „etwa im Chor?" So viel Unkenntnis bringt sie zum Lachen. Dann klären sie mich auf: „Wir gehen zu dritt ans Mikrofon, und jeder liest seine eigenen Sätze vor." So einfach ist das.

Die Texte werden abgegeben. Helga Müller-Bardorff: „Ich sehe die Texte heute alle noch auf grammatische und orthographische Richtigkeit durch. In Bayern ist das Pflicht!"

Bis alle abgegeben haben, bleibt noch etwas Zeit, sich im Klassenraum und im Gruppenraum umzusehen und mit den Kindern zu sprechen. Die Räume strahlen Arbeitsatmosphäre aus. Keine angestrengte, sondern eine auf Arbeit Lust machende Arbeitsatmosphäre. In den einzelnen Ecken Bücher, Fühlmaterial, Karteikästen für Mathematik, Deutsch, Heimat- und Sachkunde, Arbeitsblätter, Steine, Reagenzgläser, Waagen, Spiele, selbst geschriebene Bücher, Poster mit Tips zu

Heimat- und Sachkundereferaten. An den Wänden der Wochenplan, Tabellen zu Satzgliedern, eine Zeitleiste, Zeichnungen, Überblicke über Ämterverteilung und Gruppeneinteilung.

Die Klasse arbeitet sowohl in aufgabenbezogenen und nach eigenen Wünschen zusammengestellten wie auch in festen Gruppen. Die 30 Kinder bilden fünf feste Gruppen. Die Gruppennamen haben sie sich selber gegeben: „Gummibärchen", „Die sechs Früchtchen", „Die fünf Freunde", „Abenteuerbande", „Lahme Enten". Jede Gruppe wählt zu Beginn der Woche einen Gruppenführer. Es gibt ein locker zu handhabendes Punktesystem. Die beste Gruppe darf sich am Wochenende etwas wünschen. Nicht für sich. Für die ganze Klasse. Fraun: „Meistens wird ein Film für die Klasse ausgesucht, oder wir wünschen uns eine Stunde mehr Freie Arbeit." In der Regel wird täglich ein Zeitraum von einer halben oder einer dreiviertel Stunde für Freiarbeit eingeräumt.

Auf einem Tisch neben der Klassenzimmertür liegen Ziegelsteine. Auf jeden ist ein kleiner Text aufgeklebt. Darüber ein Poster: Wie ist es, durch eine Tür zu gehen? Mit Caroline komme ich ins Gespräch, frage sie: „Was bedeutet das alles hier?"

Caroline ganz schlicht und natürlich: „Wir reden oft über so was."

„Was ist ‘so was’?"

„Na über Gefühle und Ängste und so. Wenn man aber nicht will, braucht man nichts zu sagen."

„Und was ist mit der Tür?"

„Wir haben uns neulich ein Bild von einer Kirchentür angeschaut und überlegt, wie uns zumute ist, wenn wir durch eine Tür gehen." Und sofort weiter: „Wir werden doch jetzt auch bald durch eine neue Tür gehen. Einige von uns gehen ins Gymnasium, einige in die Hauptschule ... Das ist nicht so einfach. Zum Beispiel, wir sind dann wieder die Kleinen." (Der Schulbesuch fand in den letzten Wochen des Schuljahres 1991/92 statt.)

Caroline geht wieder an ihre Arbeit. Ich habe mir die Sätze notiert, die die Kinder aufgeschrieben haben. So arm an Gefühlen, wie das zuweilen lautstark und wortgewaltig verkündet wird, sind Kinder gar nicht! Über die Wege nachzudenken, die Erwachsene – ob Lehrer oder Eltern – gehen sollten, um die Gefühle der Kinder mehr zur Kenntnis zu nehmen, würde sich sicher lohnen. Und auch darüber, welch unverantwortbar hohes Maß an Schuld Erwachsene für eine allmähliche Verrohung und Verarmung der Gefühlswelt so manchen Kindes tragen: von den unmittelbaren Bezugspersonen bis hin zu den Politikern, die sich gegenseitig beglückwünschen, wenn Ausbruch rechtsextremer Gewalt „mit rechtsstaatlichen Mitteln" befriedet wurde oder wenn statt 50 Raketen nur 30 Raketen in Jugoslawien auf Wehrlose abgefeuert werden.

Abb. 3. Das Musizieren wird an der Grundschule am Gernerplatz großgeschrieben.
Foto: Helga Müller-Bardorff

Plötzlich erklingt Musik. Für die Kinder ein Signal. Sie laufen zu ihren Plätzen, packen ihre Sachen ein, setzen sich noch einen Moment auf ihren Stuhl, fassen sich dann bei den Händen, bewegen sich als „Schlange“ im Takt der Musik und verlassen den Raum. Was für ein Glück, wenn Kinder in den ersten Schuljahren eine solche Lehrerin haben!

In der 4a bei Susanne Grünecker beginnt die Stunde mit Musik. Die 4a hat Mathematik. Susanne Grünecker nimmt ihre Gitarre, setzt sich auf einen Stuhl, beginnt zu spielen und zu singen. Leise, dann immer kräftiger stimmen die Kinder ein.

Susanne Grünecker, seit 19 Jahren Lehrerin, hat selbst vier Töchter. „Sie helfen mir sehr“, sagt sie. „Ohne meine Kinder könnte ich andere nur schwer verstehen. Aber als ich Mütterurlaub hatte, haben die Großen mir immer gesagt: ‘Geh’ mal lieber wieder in die Schule. Du bist so anders, wenn du zu Hause bist.“

In der 4a stehen die Tische und Stühle noch in „klassischer“ Ordnung. Gearbeitet wird aber hier ebenfalls nach Wochenplänen. Und Freiarbeit wird gleichfalls praktiziert. Allerdings in anderer Weise als bei Helga Müller-Bardorff. Wie unterschiedlich beispielsweise Wochenpläne sein können! Ein weiterer Beleg, daß sich jede Lehrerin und jeder Lehrer auf ganz individuelle Art neuen Unterrichtsweisen annähern.

Am Vortag wurde Geometrie neu eingeführt, heute geht es um Symmetrie, um Faltachsen, um Diagonalen. Die Kinder werden aufgefordert, „Symmetrisches“ im

Klassenraum aufzufinden. Die Tafel wird vorgeschlagen, der Lautsprecher, der Spiegel. Ein leeres DIN-A-4-Blatt wird ausgegeben. Festzustellen ist, ob eine diagonale Faltachse möglich ist. Einige Kinder bestreiten das sofort. Freundliche Aufforderung durch Susanne Grünecker: „Probiert das doch erst einmal richtig aus!"

Erkenntnis bei allen: Eine diagonale Faltachse ist nur beim Quadrat möglich.

Arbeitsblätter werden verteilt. Jedes Kind soll – sofern vorhanden – die Faltachse in den Figuren und Wörtern finden und einzeichnen. Die Klasse arbeitet, die Kinder unterhalten sich leise, beraten sich auch einmal gegenseitig. Das Arbeitstempo ist hoch, aber niemand quält sich. Eine Atmosphäre herrscht, die man sich für viele Kinder im Unterricht wünschte. Übrigens gibt es auch hier wieder ein „Hefterlebnis" wie bei anderen Unterrichtsbesuchen auch: Alle, die ich darum bitte, mich in ihr Heft schauen zu lassen, gestatten es. Nur ein Junge nicht. Seine Begründung: „Ich schreibe zu schlecht." Er bietet mir aber eine Ersatzvariante an: das Heft seines Nachbarn (!). Was die eigenen Hefte und Aufzeichnungen für die Schülerinnen und Schüler bedeuten und welche Tabus sich hieran binden, sollte man vielleicht einmal gründlicher untersuchen. Susanne Grünecker wendet Freiarbeit „etwas gelenkter" an als Helga Müller-Bardorff; wie sie selbst sagt. „Gelenkter" – das heißt: noch nicht so häufig und an grob vorgegebene Themen gebunden. Die Zeit können die Kinder allein einteilen, auch die Themen präzisieren. Susanne Grünecker möchte sich selbst noch nicht so sehr zurücknehmen. Schließlich stehe sie noch am Anfang der Realisation von Freiarbeit. Aber, so sagt auch sie bereits, wenn die Kinder erst mit dieser Form von Arbeit begonnen haben, wollen sie die nicht mehr missen und jammern, falls aus irgendeinem Grunde keine Zeit hierfür zur Verfügung steht.

Mit Albert Wisdorf, dem Schulleiter, und dem Kollegium sitzen wir in der Pause bei Kaffee und selbstgebackenem Kuchen zusammen. Ein kleines Kollegium, bei dem es einen über Jahre gewachsenen Zusammenhalt zu geben scheint. Zugegeben, bei dieser Art von Bedingungen ringsum, ist das vielleicht auch nicht so schwer. Aber Kinder lassen sich auch wohl unter den besten Bedingungen „vergessen"! Hier ist das nicht der Fall. Dennoch: Die hohen Klassenfrequenzen beginnen dem Schulleiter und seinem Kollegium auch an dieser wohlausgestatteten Schule zu schaffen zu machen. Gegenwärtig liegt die durchschnittliche Klassenfrequenz bei 28,2 Schülern. Die neuen ersten Klassen werden bis zu 32 Schüler haben. Mit dem Schulamt ist vereinbart, die Entwicklung der Schülerzahlen genau zu verfolgen, um gegebenenfalls doch zu einer Klassenteilung zu kommen. Albert Wisdorf, der die Schule seit 1978 leitet, hebt die gute Zusammenarbeit mit dem Schulamt, der Gemeinde, dem Elternbeirat noch einmal hervor. Er selbst ist ein Sportsmann, und sein Grundsatz ist Fairplay. Nach oben und nach unten, wie er sagt.

Im übrigen wird es in München am 26. September dieses Jahres eine große Kundgebung auf dem Marienplatz geben, organisiert vom „Forum Schulpolitik in Bayern“. Im Forum haben sich alle namhaften Verbände und Organisationen von Lehrerinnen, Lehrern, Erziehern und Eltern zusammengeschlossen und fordern:

- Kindergartenplätze für alle Kinder
- keine Klasse über 30 Kinder
- kein Unterrichtsausfall
- Ausbau der Ganztagsbetreuung
- mehr Zeit für neue Lehrformen
- Aufwertung der Hauptschule
- keine Verkürzung des Gymnasiums.

Hoffentlich werden viele Schulen davon profitieren!

(im Juli 1992)

... zum Beispiel an der Otto-Hahn-Oberschule in Berlin:

Wie kann man die tägliche Lieferung von Denkmustern aufhalten?

Steckbrief der Schule

Die Otto-Hahn-Oberschule ist eine Gesamtschule mit gymnasialer Oberstufe im Westteil Berlins. In ihr sind die Bildungsgänge der Hauptschule, der Realschule und des Gymnasiums integriert.

Über die Abschlüsse (erweiterter Hauptschulabschluß, Realschulabschluß, Versetzung in die gymnasiale Oberstufe) wird erst am Ende des 10. Schuljahres entschieden.

Der zeitliche Schwerpunkt des Unterrichts liegt in den Vormittagsstunden. Die Hausaufgaben werden größtenteils in den Schülerarbeitsstunden erledigt.

Schülerinnen und Schüler können ganztägig sozialpädagogisch betreut werden.

Die pädagogischen Mitarbeiter beraten individuell im schulischen und außerschulischen Bereich und arbeiten mit den zuständigen Stellen zusammen (Familienfürsorge, schulpsychologischer Dienst).

Die Schullaufbahnberatung findet an der Schule statt.

Es gibt ein reiches Angebot von Arbeitsgemeinschaften. Hierdurch wird zugleich dem hohen Anteil von Kindern ausländischer Mitbürger an der Schule Rechnung getragen. In Zusammenarbeit mit der Volkshochschule werden überdies Trainingskurse in Deutsch, Englisch und Mathematik angeboten.

Die Otto-Hahn-Oberschule pflegt einen regen Austausch mit Partnerschulen in Frankreich und den Niederlanden, organisiert Sprachreisen nach England, Reisen in die Türkei und in die GUS, Kunstreisen nach Italien.

Nach Auskünfte und Materialien der Schule zusammengestellt.

In der didaktischen Literatur wimmelt es von Begriffen wie handlungsorientierter oder schülerorientierter oder offener Unterricht. An der Otto-Hahn-Oberschule, einer achtzügigen Gesamtschule mit gymnasialer Oberstufe in Berlin-Neukölln, hat man einfach einiges von dem getan, was sich dahinter verbirgt: 14 Tage war die Schule für die Kerngruppen 823 und 824 als „normaler" Unterrichtsort geschlossen. Herbstpraktikum war angesagt. Zu einem der momentan heißesten Themen: Das Zusammenleben zwischen Deutschen und Ausländern. Wissen muß man, daß an der Schule etwa 60 Prozent ausländische Kinder und Jugendliche lernen.

Christa Bergen, Mechtilde Unverzagt, Hans-Jürgen Brandt, Bruno Osuch – allesamt engagierte Gesamtschullehrerinnen und -lehrer – wollten mit ihren Schülerinnen und Schülern etwas tun gegen die Angst in der Stadt und vor allem gegen wechselseitige Vorurteile und schlimme Denkmuster – auch der Schülerinnen und Schüler untereinander, die ja das Zusammenleben täglich trainieren (Daß da gewollt oder zufallsbedingt auch viel Deutsch-Deutsches hineingeriet, war kein Wunder). Kleine Schritte sollten es sein. Mehr nicht. Da waren die Beteiligten ganz realistisch.

Es fing alles ganz harmlos an. Zur Einstimmung wurden auf Arbeitsblättern Zuordnungen von Bildern und Berufen vorgenommen. Das klassische Ergebnis: Der seriöse Herr mit Brille und Binder muß Bankangestellter sein. Erste Bestätigung der Mustertheorie. Es ging ziemlich lustig dabei zu. Auch noch, als es hieß, man solle aufschreiben, was einem spontan beim Namen einer Nation einfiele. Die Schülerinnen und Schüler nahmen sich untereinander auf die Schippe. „Döner" und „Eseltreiber", wenn es um die Türken ging, provozierten Lachanfälle. Als es um

Abb. 1. Zum Herbstpraktikum gehörte ein Besuch im Dritte-Welt-Zentrum in Kreuzberg. Die Gruppe war bei KOKO zu Gast, die über Kultur und Traditionen ihrer Heimat, dem Kongo, berichtete. Höhepunkt war ein typisches Essen, das schon Kokos Mutter zuzubereiten wußte. Hier: Koko kocht.
Foto: Ursula Drews

typische Eigenschaften einer Nation ging, wurde die Sache ernster. Jeder suchte bei und für sich Positives. Die Türken nahmen für sich vor allem Ehrlichkeit und Hilfsbereitschaft in Anspruch, die Deutschen (West) meinten, daß sie cool und locker seien, die Deutschen (Ost), die nicht anwesend waren, bekamen das meiste ab: Faschos und Hitlerfreunde hieß es da unter anderem.

Ein Besuch im Konzentrationslager Sachsenhausen offenbarte noch mehr. Nahezu alle Schülerinnen und Schüler bewaffneten sich. Reizgas, Messer, ein Baseballschläger wurden mitgebracht. Der Baseballschläger blieb an einem Stand am U-Bahnhof Hermannplatz zur Aufbewahrung zurück. „Du oder der Baseballschläger", hatte Christa Bergen schlicht gesagt. Im nachhinein schrieb A. auf die Frage auf, warum er sich bewaffnet habe: „Ich habe mich bewaffnet, weil Bekannte von uns von Nazis zusammengetreten wurden und damit ich nicht wehrlos dagestanden hätte, falls wieder Nazis dagewesen und uns angemacht hätten. Ich hätte wahrscheinlich auch mit meinem Aussehen provoziert."

Zum Glück passierte nichts. Wenige Wochen vorher hatte es in Sachsenhausen gebrannt. Die Baracke, in der die jüdischen Häftlinge untergebracht waren, war angesteckt worden. Die Furcht, die es ohnehin schon gab „vor dem Osten", war also

Abb. 2 Na, schmeckt es?

Abb. 3. Ich warte lieber ab …
Fotos: Ursula Drews

erklärbar. Was als Eindruck von diesem Besuch an einem kalten und nassen Oktobertag blieb, ist schwer zu sagen. Die Führung war wohl wenig sensibel, der Sprachgebrauch für die Schüler fremd. Einer sagte: „Der redet ja nur mit sich selbst." Schade! Der Film, der gezeigt wurde, hatte da doch schon etwas mehr Betroffenheit ausgelöst. Aber man ist nach außen immer cool, zeigt nicht, wenn irgendeine Spur von Eindruck in einem zurück geblieben ist.

Das deutsch-deutsche Dilemma offenbarte sich auch in Versuchen, an einem Tag eine Begegnung mit einer Lichtenberger Realschule im Osten der Stadt zustandezubringen. Die Lichtenberger Schüler wollten nicht so recht. Den Neuköllner Lehrern aber war daran gelegen, Ost und West zusammenzubringen. Auch um Aussprechen zu lassen, warum zum Beispiel die Westberliner Angst haben, in den Ostteil der Stadt zu gehen und welche Probleme die Ostberliner mit der westdeutschen Mentalität haben. Schließlich klappte es aber doch. Tastend näherte man sich einander an. Gespräche, Schulbesichtigungen, gemeinsames Essen in der Mensa der Otto-Hahn-Schule und vor allem König Fußball lockerten die Fronten auf. Fazit der Westberliner: Die aus dem Osten sind ja gar nicht alle rechtsradikal und ausländerfeindlich eingestellt. Auch die Ostberliner entdeckten viel „Normales" an den anderen. Wichtigste Erkenntnis auf beiden Seiten: Es gibt nicht immer nur eine Wahrheit! Was aus diesem gegenseitigen Abtasten wird, muß man sehen. Eine Gegeneinladung wird es geben. Aber erzwingen will niemand etwas.

Der gesamte Herbstkurs war auf Naheligendes, auf das Schauen vor die Tür und nicht auf die großen und hehren Ideale gerichtet. Das Naheliegende – das ist auch der Stadtbezirk nebenan: An Neukölln grenzt Kreuzberg, der Stadtbezirk mit der höchsten Ausländerquote – weithin bekannt als Klein-Istanbul. Kreuzburg hat ein ganz besonderes Flair. Von der Lebendigkeit und Farbigkeit beispielsweise der Sommerabende in diesem Stadtteil schwärmen Berliner und Berlin-Besucher. Aber einen Ruf hat so ein Stadtgebiet eben auch. Mancher meint, daß man sich einfach nicht dorthin trauen könne. Und Randale gibt es ja auch zur Genüge.

Die Aufgaben zur Erkundung von Kreuzberg waren wiederum ganz schlicht. Eine Gruppe sollte sich jeweils einen Straßenzug vornehmen und erfassen:

- Welche Restaurants welcher Nationalität und welche Läden gibt es? Welche Namen haben die Bewohner, die in einem Haus wohnen?
- Wieviele Häuser sind abgeschlossen und wieviele offen?
- Was fällt mir an Ausländischem bei der Begehung der Straße auf; woran erkenne ich, daß hier viele Ausländer leben?
- Welche Graffitis sind zu sehen?

Schließlich sollte jeder „etwas Ausländisches" kaufen. Kichererbsen, Döner, türkisches Brot, Kastanien wurden vor allem erworben. Also etwas Eßbares. Mechtilde Unverzagt dazu: Über Essen und Trinken erschließt sich offenbar der Zugang zu anderen Kulturen immer wieder am leichtesten.

Die schwierigste und mutigste Aufgabe aber war ein Interview mit Straßenpassanten in Neukölln. Die Ergebnisse wurden auf Postern festgehalten und zum Abschluß des Praktikums in der Schule präsentiert. Die Passanten zeigten sich unterschiedlich aufgeschlossen. Schaut man sich die Fragen an, so ist erstaunlich, welche Probleme die Schülerinnen und Schüler aufgegriffen haben. Probleme, vor deren Brisanz nicht wenige Politiker zurückschrecken.

Schüler befragen Straßenpassanten:

1. Es gibt in letzter Zeit immer mehr Angriffe auf Asylantenheime.
Wie stehen Sie dazu?

- großes Vertändnis dafür; wurde Zeit, daß etwas passiert (4)
- Verständnis dafür; würde aber nicht mitmachen (14)
- kein Verständnis dafür; die Leute sollten sich schämen (58)
- bei einer Gegendemonstration mitmachen (21)
- keine Angabe (3)

2. Ausländer ja – Asylanten nein
Es gibt unterschiedliche Auffassungen, wieviele Ausländr in Deutschland leben sollten. Welcher der folgenden Aussagen stimmen Sie zu?

- In Deutschland gibt es schon zu viele Ausländer, ein großer Teil von ihnen sollte wieder wegziehen (13)
- Die Zahl der Ausländer in Deutschland ist hoch genug; es sollten keine weiteren mehr zuziehen (44)
- Die Zahl der Ausländer in Deutschland kann ruhig noch größer werden (9)
- Es gibt nicht viele Ausländer in Deutschland, aber zu viele Asylbewerber (51)

3. Stolz auf Deutschland
Was halten Sie von der Parole „Ich bin stolz, ein Deutscher zu sein“?

- stimme zu (65)
- stimme nicht zu (30)
- weiß nicht; keine Angabe (5)

Was halten sie von den Parolen „Deutschland den Deutschen“ und „Ausländer raus“?

- stimme zu (9)
- stimme nicht zu (85)
- weiß nicht; keine Angabe (6)

4. Gewalt ist keine Lösung
Sind Sie der Meinung, daß man gesellschaftliche Probleme auch mit Gewalt lösen darf?

- nein, lehne ich ab (90)
- Gewalt ist zulässig, um auf das Problem aufmerksam zu machen (6)
- Man darf kein Problem mit Gewalt lösen, wenn Politiker es nicht in den Griff bekommen (3)
- keine Angabe (1)

Das Bild vom ausländerfeindlichen Deutschen relativierte sich in diesen Ergebnissen. Nachdenklich aber wurden die Schülerinnen und Schüler, daß doch offenbar recht wenige Menschen bereit sind, ihre Haltung gegen Intoleranz und Ausländerfeindlichkeit sichtbar zu bekunden. Wer denkt da nicht sofort an die Beifall spendenden Lichtenhagener, als die Asylanten angegriffen wurden? Die „andere" Seite hat offenbar nicht so viele Probleme zu zeigen, wofür und wogegen sie ist ...

Nicht alle Stationen einer vierzehntägigen Kreuzfahrt durch den Ozean der Probleme im Zusammenleben von Deutschen und Ausländern können beschrieben werden. Auch nicht die Abschlußstation: das Zusammentragen, Sortieren, Systematisieren der Ergebnisse und ihre Darstellung auf Postern im Schulhaus. Jeder, der mit Schülerinnen und Schülern dieses Alters arbeitet, weiß, mit welcher „Lust" sie solche Arbeit machen und wieviele (oder besser: wie wenige) von ihnen ganz zum Schluß noch bei der Sache sind ... Maria und Giuseppina, die beiden quicklebendigen italienischen Mädchen, konnten allerdings ihren Stolz über das Produkt nicht ganz verhehlen, als wir uns am ersten „normalen" Schultag nach der Herbstexkursion vor der Posterwand in der Schule wiedertrafen.

Aufschlußreich aber scheint mir noch die „Witzepisode" zu sein: Die beteiligten Lehrerinnen und Lehrer der Otto-Hahn-Schule hatten den Mut, Witze herauszufordern, die man sich über die jeweils andere Nation erzählt. Witze gelten ja seit jeher als ungeschminkte Bekundung von Volksmeinung. Zuerst ging man noch ganz locker zu Werke. Ursprünglich auf Türken gemünzte Witze wurden nun zum Beispiel auf Polen umfunktioniert usw. Als es aber der eigenen Nation allzu sehr „an den Kragen ging", wurde die Stimmung etwas gedämpfter. Die sach- und textbezogene Analyse erbrachte wichtigen Erkenntnisgewinn: Das „Witzige" geht quer durch alle Nationalitäten. Ob man sich nun wechselseitig über die Sprache oder über die Eßgewohnheiten oder das Aussehen oder Unsicherheiten im Umgang mit anderen Kulturen lustig macht. Auf einem der Abschlußposter fanden dann die „Erlebnisse eines Westdeutschen" ihren Platz: „Draußen von Aldi da komme ich her, ich muß euch sagen, die Regale sind leer. Überall auf den Straßen und Kanten sitzen Ossis, Polen und Asylanten ..." usw. in übergroßen Buchstaben steht darunter:

Wir möchten uns von dem obigen Text distanzieren, Euch jedoch zeigen, was zur Zeit unter den Schülern herumgereicht wird!

Vierzehn Tage aktive Erkundung und Entdeckung, Auseinandersetzung mit dem Alltäglichen durch Schülerinnen und Schüler achter Klassen. Vierzehn Tage lang Rütteln – mal mehr, mal weniger – an Denk- und Verhaltensmustern. Vierzehn Tage lang Herausforderungen an sich selbst und die Umgebung. Vierzehn Tage lang kleine Schritte, um Problemen des Zusammenlebens von Deutschen und Ausländern und auch von Deutschen und Deutschen auf die Spur zu kommen.

Waren die Schritte wirklich so klein?

(im November 1992)

... zum Beispiel an der Grund- und Hauptschule auf der Hallig Hooge:

Ich bin die zehnte Klasse, ich die achte, und wir drei sind die erste

Steckbrief der Schule

Die Grund- und Hauptschule Hallig Hooge ist z. Z. mit 16 Schülern und Schülerinnen belegt. Alle Schulkinder kommen aus Elternhäusern von Hooge. Sie verteilen sich auf die einzelnen Klassenstufen wie folgt:

Grundschule

1. Klassenstufe (3)
2. Klassenstufe (5)
3. Klassenstufe (2)
4. Klassenstufe (2)

Hauptschule

5./6. Klassenstufe (nicht besetzt)
7. Klassenstufe (2)
8. Klassenstufe (1)
9. Klassenstufe (nicht besetzt)
10. Klassenstufe (1) freiwillig

Die Schulkinder werden in zwei Lerngruppen (Grundschule / Hauptschule) unterrichtet, wobei die beiden Lehrkräfte sich entsprechend ihrer Fächerverteilung so abwechseln, daß immer beide Gruppen wechselseitig Unterricht erhalten. Dreimal innerhalb einer Schulwoche werden Grund- und Hauptschulklassen jeweils in einer Unterrichtsstunde gleichzeitig von einer Lehrkraft unterrichtet. Hier wird jeweils nach Unterrichtsinhalt gemeinsamer oder getrennter Unterricht durchgeführt.

10. Schuljahr

Erstmalig wurde in diesem Schuljahr 1992/93 ein freiwilliges 10. Schuljahr eingeführt. Ein Mädchen nimmt das Angebot wahr und wird teilweise gemeinsam mit den Schülern und Schülerinnen ihrer Gruppe unterrichtet. Ihr Arbeitsschwerpunkt liegt in einem selbst ausgewählten Jahresthema (Deichbau auf Hooge.) Sie kann aus jedem Unterrichtsbereich, sei es Mathematik, Englisch, Deutsch etc. ihre Schwerpunkte wählen, so daß eine Jahresarbeit entstehen kann.

Partiell nimmt die Schülerin dann nicht am Unterricht in der Schule teil, sondern hat ihre Arbeitsaufträge außerhalb der Schule auf der Hallig.

Wechsel auf weiterführende Schulen:

Aus technischen Gründen (Entfernung zum Festland / Fährverbindungen) ist ein Zwischenfahren für Realschul- oder Gymnasiumsanwärter nicht möglich. Die Kinder werden nach den vor Ort vorhandenen Möglichkeiten differenziert betreut und wechseln in der Regel erst in höhere Klassenstufen, wenn sie auch das Alter haben, um in Gastfamilien unterzukommen.

Uwe Jessel, Schulleiter

Wenn ihn sein Schulrat im Winter zu einer zweistündigen Konferenz nach Husum ruft, kann es sein, daß Schulleiter Uwe Jessel vier Tage unterwegs ist. Nicht weil Hooge und Husum so weit voneinander entfernt lägen, sondern weil der Dampfer zum Festland seltener fährt oder auch gar nicht oder auch „Landunter“ ist. Beide haben sich geeinigt: Telefonieren ist die bessere Variante.

Hallig Hooge (so steht es im Prospekt des örtlichen Fremdenverkehrsbüros), „gern die ‚Königin der Halligen' genannt, ist mit 6,5 Quadratkilometern die zweitgrößte Hallig im Nationalpark Schleswig-Holsteinisches Wattenmeer. Typisch für die Hallig Hooge sind die Warften, aufgeworfene Hügel, auf denen die Bewohner Schutz vor den Sturmfluten der Nordsee suchen. Auf insgesamt neun dieser Warften findet das Hallig-Leben statt. Neben Wohnhäusern und Gasthöfen liegen darauf auch die Schule, Kirche, Post, der Kaufladen und die Museen.“

Welch eine Idylle – schulisches Lernen und Leben eingeschlossen! So mag manch einer denken. Ja und nein. Über das Jahr zusammengerechnet, haben die annähernd 130 Bewohner von Hooge rund 150000 Tagesgäste zu verkraften. Dazu kommen die „normalen“ Urlauber. Und nicht selten meint ein Gast, die Halligbewohner seien bis in ihre Wohnstuben hinein zur Besichtigung freigegeben. Auch daß

Abb. 1. Blick auf die Schulwarft
Foto: Ute Warm

Schülerinnen und Schüler zum Lernen Ungestörtheit brauchen, vermag so manch einer nicht einzusehen. Seit kurzem verschließt Uwe Jessel während des Unterrichts hin und wieder die Schultür.

Die Schule steht auf der Ockelützwarft, auch einfach Schulwarft genannt. Wenn ein Schüler sein Frühstücksbrot vergessen hat, läßt sich im Kühlschrank der Lehrerwohnung bestimmt noch etwas finden. Die beiden Schulräume, der Werkraum, die Turnhalle und die Wohnung der Schulleiterfamilie befinden sich in einem Haus. Wie verkraftet man soviel Nähe? Kann die Lehrerfamilie überhaupt von sich aus noch Grenzen ziehen? Das vielbeklagte Burn-out-Syndrom hat auch damit zu tun, daß Kinder Lehrerinnen und Lehrer total „aussaugen" können! Man braucht schon eine besondere Art von Offenheit, um immer da zu sein. Sicher ist das ein Stück Hallig-Mentalität. Wir selbst spüren das an der großartigen Gastfreundschaft der Lehrerfamilie. Man ist aufeinander angewiesen und muß miteinander auskommen. Dennoch: das „weiteste Herz" braucht sein Refugium. Schulleiter Jessel hat seines bestimmt auch.

Von den 16 Schülerinnen und Schülern der Hallig-Schule sind heute 14 anwesend. Zunächst geht es in die Grundschule. Sie besteht aus einem großen hellen Raum mit vier Tischen, einem für jede Klasse. Uwe Jessel nimmt seine Gitarre, die 10 Kinder stellen ihre Stühle zum Kreis zusammen. Es ist übrigens weder lauter noch leiser als in „normalen“ Grundschulklasse, die sich zu einem Morgenkreis zusammenfinden. Sie singen *ihr* Lied:

„Wir sind die Kinder von der Hallig,
wir sind die Kinder von Hooge.
Wir leben hier bei Ebbe und Flut,
und das finden wir richtig gut.“

Dann stellen sie uns, Ute Warm vom Landesinstitut für Praxis und Theorie der Schulen und mir, sich und ihre Warft vor. In allen ihren kurzen Berichten kommt Felo vor. Erst allmählich bekommen wir mit, daß Felo ein Pferd ist. Mit Felo zu spielen, ist gegenwärtig die Attraktion der Nachmittage.

Auftragserteilung an die vier Klassen: Die drei aus der ersten Klassen üben das neu gelernte „i“. Über ihren Gruppentisch spannen sich weiße Papierbögen. Sie malen Häuser und Bäume und da hinein so viele Male das „i“, wie sie mögen. Einfaches Montessori-Material nutzen sie zusätzlich. Die zweite Klasse – heute vier Kinder – geht ans Schreiben und Lesen, die dritte Klasse (zwei Kinder) hat Arbeitsblätter und das Wörterbuch vor sich und übt sich in der Pluralbildung. Edda, die vierte Klasse, vergleicht selbst die Ergebnisse eines Übungsdiktates mit einer Vorlage. Uwe Jessel geht von Tisch zu Tisch. Ruhig, ohne sich selbst in einen ständigen Erklärungs-Notstand zu versetzen. Aber jedes Kind spürt, daß er als Ansprechpartner jederzeit zur Stelle ist.

Und wie ist das mit der Nähe, der auch die Kinder ständig ausgesetzt sind? frage ich Uwe Jessel. Er meint, daß er schon an der Art, wie sich die Kinder morgens auf dem Fahrrad auf die Schule zubewegen, merke, ob es beispielsweise am Nachmittag zuvor zwischen Gesa und Merreth Streit gegeben habe. Wenn das der Fall gewesen sei, dann merke man das auch noch den ganzen Vormittag am Tisch. Es gebe eben keinerlei Ausweichmöglichkeiten!

Die Hauptschule mit ihren vier Schülerinnen und Schülern befindet sich im Nebenraum. Unterrichtet wird Mathematik, Fach-Schwerpunkt von Karsten Frenßen, zum Zeitpunkt unseres Besuches noch 2. Lehrer an der Schule. Mittlerweile hat er die Hallig verlassen. Seine Familie lebt auf dem Festland, und es ist nicht jedermanns Sache, nur Wochenend-Familienmitglied zu sein. Leicht war ihm aber nicht zumute: „So wie hier, kann ich wohl nirgendwo sonst auf das Kind eingehen“, meint er. Das zeigt sich in seiner Stunde wie auch anschließend im Mathematikunterricht in der Grundschule und beim Sportunterricht mit den Grundschülern. So frei und ohne Angst wie hier geturnt, gesprungen und geklettert wird, geschieht das wohl selten.

Wir kommen mit den Größeren ins Gespräch. Alle Schülerinnen und Schüler (auch die kleineren übrigens) sind gewohnt, daß mit einzelnen von ihnen gesprochen wird, daß sie sich untereinander unterhalten können und müssen. Daß also ständig sprachliche Kommunikation in irgendeiner Weise stattfindet. Aber absolu-

Abb. 2. Unterricht in der Hauptschule

Abb. 3. Unterricht in der Grundschule
Fotos: Ute Warm

te Stillephasen sind ihnen ebenfalls vertraut, wie Ausbrüche, bei denen der eine oder andere angestaute Aggressionen abreagiert.

Bei den Großen interessiert uns nicht so sehr, was sie gerade im Unterricht tun als vielmehr, wie sie Schule für sich selbst reflektieren und ob sie später „auf Distanz" zur Hallig gehen wollen. Sandra (8. Klasse) meint, daß es für sie unvorstellbar sei, mit 30 Kindern in einer Klasse zusammen sein zu müssen. Bis vor kurzem waren sie zu zweit in ihrer Klassenstufe. Da habe man voneinander abgeschrieben. Zu zweit zu sein, habe zwar manchen Vorteil gebracht, aber jetzt, auf sich allein gestellt, müsse man sich mehr anstrengen. Das wäre ja auch nicht schlecht. Später einmal weg von der Hallig? Nein, das könne sie sich nicht vorstellen. Dazu sei sie zu sehr mit Hooge verwachsen. Sie werde Kraftfahrzeug-Schlosserin lernen, um dann später Pferdekutschen reparieren zu können. Ilona, als allererste Zehntkläßlerin die Attraktion der Schule, bewegt Ähnliches. Vielleicht wird sie Möbeltischlerin. Holz fasziniert sie. Aber wenn sie eine gute, feste Arbeitsstelle auf dem Festland bekäme, werde sie vielleicht doch weggehen. Beide sind auf Hooge geboren, die Hallig ist ihr Leben und wird es vielleicht auch bleiben.

Wir sprechen auch über das „andere" Leben: Krawalle gegen Ausländer und Asylanten beispielsweise. Die Mädchen nehmen das über das Fernsehen wahr. Von ihnen selbst ist das weit weg. Ich denke „Gottseidank" und weiß nicht, ob es richtig ist, so zu denken …

Allen, denen ich von Schule und Unterricht auf Hooge erzähle, werden auf der Stelle von Neid erfaßt. Aber ehrlich: Wer wäre denn wirklich bereit, sich Tag um Tag so bedingungslos ausliefern zu wollen?

(im September 1992)

... zum Beispiel an der Odenwaldschule in Ober-Hambach:

Mit den Kindern in Augenhöhe leben – und das 24 Stunden am Tag

Steckbrief der Schule

Die Odenwaldschule: Das sind 32 Häuser in einem weitläufigen Wald- und Wiesengelände; das sind etwa 260 Jungen und Mädchen, die in kleinen, altersgemischten Wohngruppen – in „Familien" – zusammenleben, jeweils betreut von einem Lehrerehepaar oder einem Lehrer bzw. einer Lehrerin. In der freien Gemeinschaft von Lehrenden und Lernenden wird der unbefangene Umgang im täglichen Miteinander erfahren. Man lernt, Aufgaben zu übernehmen und zu verteilen, Konflikte zu lösen, füreinander dazusein. Die Odenwaldschule sieht sich als Lebens- und Lernumwelt, in der Kinder und Jugendliche konkrete Verantwortung für ihren eigenen und den gemeinsamen Alltag übernehmen. Als einen Ort, der für das Aufwachsen von Kindern und Jugendlichen eingerichtet ist und an dem auch belastende Lebenssituationen entspannt und verpaßte Chancen neu geboten werden sollen. Die Odenwaldschule umfaßt alle Schulstufen: die Klassen 1–13. Den Schülern steht während der gesamten Schulzeit eine Vielzahl von individuell gestaltbaren Lernwegen und Abschlußmöglichkeiten offen.

Sprachfolgen:
Kl. 5 Englisch – Kl. 7 Französisch – Kl. 9 Latein
Kl. 11 Französisch
(dazu individuelle Regelungen für Schüler, die mit anderen Sprachenfolgen begonnen haben)

Abschlußmöglichkeiten:
Kl. 9: Hauptschulabschluß
Kl. 10: Realschulabschluß
Kl. 12: Allgemeine Fachhochschulreife
(einschließlich des Gesellenbriefes im Schlosser- bzw. Schreinerhandwerk)
Kl. 13: Allgemeine Hochschulreife / Abitur
(ggf. ergänzt durch die Qualifikation als staatlich geprüfter Chemisch-technischer Assistent oder auch durch den Gesellenbrief im Schlosser- bzw. Schreinerhandwerk)

Text: Odenwaldschule

Würde ein neu eingestellter Lehrer in seiner ersten Unterrichtsstunde nach dem Tafeldienst fragen, hätte er schon fast verspielt. „So was gibt's nur an der öffentlichen Schule", sagt Wenzel. „An der Odenwaldschule gilt: Was der Lehrer anschreibt, wischt er auch selbst wieder ab. Für Schüler gilt das gleiche Gesetz." Hoffentlich, denke ich! In Kenntnis dessen, wozu Schüler heute besonders gern zu bewegen sind …

Wenzel gehört zu Frank Senskes Familie. Frank Senske ist seit einem Jahr gewählter Koordinator der Schule. Unter anderem hat er die Aufgabe, Besucher zu betreuen. In den ersten zehn Minuten unserer Begegnung kauen wir beide getrocknete Feigen. Frank Senske macht zur Zeit eine besondere Kur. Die Nüsse und Mandeln am nächsten Tag kaue ich nicht mehr mit.

Frank Senske, so um die 30 Jahre alt, ist im sechsten Jahr an der Schule. Als behütetem Einzelkind war ihm Leben und Lehren in einem Internat durchaus nicht vorbestimmt. Es war für ihn ein Sprung ins tiefe, dunkle Wasser. Er tat ihn dennoch und zwar in der festen Absicht, sich „mit Haut und Haaren" auszuliefern. Leicht

Abb. 1. Die Odenwaldschule
Foto: Schule

war es nicht. Die Sympathien der Schüler flogen ihm nicht zu. Nach Probeunterricht, der an der Odenwaldschule vor einer Einstellung üblich ist, sagten die Schüler zum Schulleiter: „Nimm den nicht! Wir wollen ihn nicht.“ Frank Senske war ihnen zu autoritär und zu fachbezogen. Biologie und Physik sind seine Fächer.

Der Unterricht, den ich bei ihm sehe, lag nicht so sehr neben den Schülerauffassungen. Übrigens heißen die Schüler hier in der Regel „Kinder“. Auch wenn sie zuweilen schon 20 Jahre alt sind. Wie auch wollte man junge Menschen bezeichnen, die von morgens bis abends und von abends bis morgens im Internat sind. Schüler im klassischen Sinne sind sie ja in der Tat nur zeitweise. Aber es steckt auch eine ganze Philosophie dahinter: Der junge Mensch wird nicht reduziert in seinen Lebensumfeldern und Daseinsansprüchen. Auch für Eltern bleiben ja die erwachsenen Söhne und Töchter immer irgendwie Kinder. Und ohne – von Ausnahmen abgesehen – auf Infantilität festgelegt zu werden. Für die Odenwaldschule wäre letzteres ohnehin unmöglich. Es gibt wenige Schulen, in denen Kinder in ihrer Individualität derart respektiert werden und so viele Mitbestimmungsrechte und Gremienpräsenz haben: im Schülerparlament, im Rechtsausschuß, im Vertrauensausschuß, in den Klassengemeinden, in der täglichen „Teekonferenz“. Die Geheebsche Grundauffassung „Werde, der du bist“, ist kein nostalgischer Spruch, geeignet zu Festen und Feierlichkeiten zitiert zu werden, sondern eine auch noch das heutige Schulleben bestimmende Maxime.

Abb. 2. Freundlich-kritische Blicke: Schon wieder ein Besucher?
Foto: Ursula Drews

Doch zurück zu Frank Senskes Unterricht. Zwei Stunden Physik in Klasse 11: Fallgesetze, der waagerechte Wurf. Zwei Stunden präsentiert sich hier ein überlegener Fachmann. Zwei Stunden ein klarer, logischer Faden und vor allem Frontalunterricht. Nur etwas ist anders als an anderen Schulen. Schülerinnen und Schüler werfen locker ihre Fragen ein, räkeln und lümmeln sich auf den Stühlen, verbessern sprachliche Formulierungen ihres Lehrers usw. Auch Frank Senske selbst ist in der Sprache locker („Das war ein Potpourri von Blödsinn, was du eben gesagt hast."), aber äußerst korrekt, wenn es um die Beschreibung physikalischer Sachverhalte geht. Um zwei Minuten Unterrichts- oder Pausenzeit mehr oder weniger wird gefeilscht. Von beiden Seiten. Wer siegt, ist der Lehrer. Aber all das vollzieht sich in einer absolut spannungsfreien Atmosphäre. Ich habe den Eindruck, daß diese jungen Leute wohl auch die Individualität ihres Lehrers akzeptieren. Nicht gezwungenermaßen, sondern freiwillig. Und dennoch: Wäre ich am Abend zuvor nicht in Frank Senskes Wohnung mit gewesen, hätte ich einige Schwierigkeiten gehabt. Hier bekam ich den Familienhintergrund, den Gestus des Miteinanderlebens, des sich gegenseitig Stärkens mit, ohne daß Abhängigkeiten voneinander aufgebaut werden: Von 19.30 Uhr bis 21.30 Uhr kamen Julian, der mit Enzensbergers Gedicht von den Wölfen und den Lämmern nicht zurechtkam, Jakob, weil er etwas zu trinken brauchte, drei Jungen, die nur mal schnell „Hallo" sagen wollten, einer der dringend Kleber brauchte, dreimal klingelte das Telefon, dann kam noch Robby (Namen geändert), den Frank Senske bestellt hatte.

Tagesabschluß mit Gesprächen. Intensive Gespräche, die eine hohe Sensibilität erforderten. Ich war sprachlos, was junge Leute von ihrem Ich offenbarten und was auf der anderen Seite Frank Senske von seinem ganz individuellen Menschsein preisgab. Robby wollte meine Anwesenheit nicht. Also ging ich. Bei mir blieb: Und das jeden Abend? Wie ist das zu verkraften? Es geht wohl nur, wenn man die Maxime Wolfgang Harders, des Schulleiters, verinnerlicht hat: Mit den Kindern in Augenhöhe leben.

Das hat etwas mit der Verläßlichkeit menschlicher Beziehungen zu tun und mit der Bereitschaft von Lehrern und Erziehern, auch von Kindern zu lernen. Meine diesbezügliche Anfrage, die ich auf der „Teekonferenz“ artikulierte, brachte mir viele Antworten in persönlichen Gesprächen ein.

An der ungefähr 20 Minuten dauernden Teekonferenz nehmen von Schülervertretungen über technisches Personal bis zu Lehrern und Erziehern alle teil, die am betreffenden Tag etwas an der Schule zu tun haben. Auf ziemlich engem Raum sind 80 bis 100 Leute zusammen, tauschen knapp und präzise die wichtigsten Informationen zum Tag aus. Es gibt keine Debatten, die finden in anderen Gremien statt. Es geht nur darum, daß jeder ein „Wissender des Tages“ ist.

Wie gesagt, was Erwachsene von Kindern lernen könnten – speziell hier an der Odenwaldschule, war Gegenstand vieler Gespräche. Utta Forstard, 16 Jahre an der Schule, meint, wenn sie die Pros und Kontras des Zusammenlebens hier an der Schule gegenüberstelle, dann käme in jedem Falle auf der Pro-Seite mehr heraus. Man könne die eigenen Ideen auch in ihren Auswirkungen direkt und unmittelbar verfolgen, Entwicklungen von Kindern sehen, die einen froh machen. Aber auch im geistigen Bereich profitiere man viel. So habe sich ein dänischer Schüler sehr intensiv mit Shakespeare-Sonetten befaßt und einen Kurs angeboten. Sie habe als Lernende daran teilgenommen und großen Gewinn davon gehabt. Das Bedürfnis der Kinder, sich gegen Ausländerfeindlichkeit und für soziale Gerechtigkeit zu engagieren, sei auch für sie ansteckend und bestätigend. Am wichtigsten sei aber für sie, daß sie von den Kindern als „ganze Person“ wahrgenommen werde, mit all ihren Möglichkeiten wie auch ihren Schwächen. Das sei für ihr Selbstverständnis ganz wichtig. Utta Forstard ist Lehrrein für Englisch und Französisch, lebt mit ihrem amerikanischen Mann an der Schule, hat zwei Kinder und unterrichtet derzeit u. a. Kinder von Asylbewerbern in Deutsch. Die Zusammenarbeit mit Asylantenheimen und Heimen für geistig Behinderte gehört zu den sozialen Diensten der Schule. 40 bis 45 Schülerinnen und Schüler sind hier regelmäßig tätig. Utta Forstard hat sich entschlossen, diese jungen Menschen relativ dicht zu begleiten, vor allem, um ihnen bei der Bewältigung von Ängsten im Umgang mit geistig Behinderten zur Seite zu stehen.

Abb. 3. Sichtbare Anstrengung beim „Beowulf"
Foto: Ursula Drews

Für Dirk Höflich ist es die überwältigende Lebenskraft der Kinder, die er als ansteckend und beglückend empfindet und die er zugleich stärken möchte, die Freude am Leben, die Spontaneität und Unmittelbarkeit, die von Kindern ausgeht. Wie schwierig aber gerade letzteres zuweilen zu verkraften sein kann, hat er allerdings wenige Tage zuvor erlebt. Ich bin mit ihm zwei Stunden zum Deutschunterricht in seiner 5. Klasse. Obwohl alles sehr heiter beginnt, glaube ich, eine gewisse Spannung im Umgang der Kinder miteinander und untereinander wahrzunehmen.

Im Morgenkreis wird vorgelesen, erzählt, der Tag besprochen. Anschließend das Theaterstück „Beowulf" geprobt, das die Klasse in der Vorweihnachtszeit den anderen vorspielen wird. „Beowulf" bewegt sich im Umkreis der germanischen Heldensagen. Ein Drache spielt eine besondere Rolle. Und das Drachenthema hat die Klasse seit einigen Tagen beschäftigt. Die Kinder „kämpfen" im Moment mit dem Drachen als Symbol des Bösen in sich selbst und in den anderen. Ihr Drache heißt „Haß". Der Haß ist so plötzlich und so intensiv ausgebrochen, daß ihm – so die Erzählung Dirk Höflichs – die Knie gezittert haben. Der Anlaß: In die Odenwaldschule gehen auch einige externe Kinder. Zum Beispiel aus Heppenheim und Bensheim. Mittags gehen sie nach Hause. Die Fünfkläßler sind erst wenige Monate an der Schule. Nora (Name geändert), eine Externe, erzählte wieder einmal, was sie am Vortag mit den Eltern unternommen hatte. Da brach es aus den anderen Mädchen und Jungen heraus, das angestaute Heimweh: „Du glaubst nicht, wie du uns nervst, wenn du andauernd von deinen Eltern erzählst." „Wir hassen dich, wir hassen dich." Nora war in Tränen gebadet, die anderen schrieen erregt auf sie ein. Dirk Höflich wollte eingreifen, darauf die Kinder: „Du weißt ja gar nicht, wie das ist, wenn man Heimweh hat. Man ist wie gelähmt, kann sich kaum bewegen." Und: „Du hast uns doch gesagt, wir sollen offen unsere Meinung sagen."

Jetzt arbeiten sie das Haßproblem auf. Die Drachensymbolik hilft ihnen dabei: Geschichten, Bezüge auf ihr Problem und vor allem das Theaterstück. Mit Fünftkläßlern geht das noch gut. Auch das wechselseitige Kritisieren des Rollenspiels, wobei jedes der Kinder umschichtig in drei Rollen zu schlüpfen hat. Das „Motzen" ist leicht, schwieriger ist das aufbauende Moment. Zunächst ist es nur Dirk Höflich, der wieder und wieder auf Verbesserungsvorschläge drängt, dann werden es immer mehr auch von den Kindern, die etwas Konstruktives erwarten und einbringen. Und wie fast überall, so sind auch hier die Kinder in Kritik und Gegenvorschlag radikaler als der Lehrer. Dessen Funktion, den noch immer schwelenden Konflikt nicht vorzeitig als bewältigt zu erklären, ist wahrlich mit schwierigen Balanceakten verbunden.

Frank Senske, der sich viel mit Psychotherapie befaßt, hebt den ursprünglich therapeutischen Blick von Kindern hervor. Das hat ihn nicht nur einmal verblüfft. Er hat sich von den Kindern sagen lassen, was er nicht kann. Sie haben das im übrigen ohne große Aufforderung getan. Er ist durch den ständigen Umgang mit Kindern freier, spontaner und lustiger geworden. Er sieht aber auch die Gefahr des Regredierens: Wenn man ständig mit Kindern umgehe, habe man manchmal Schwierigkeiten, ein Erwachsener zu sein. Die Anpassungsverführung sei groß. Kinder wollen zwar die wechselseitige Akzeptanz, aber nicht den sich „klein machenden" Erwachsenen. Am glücklichsten aber macht ihn, daß er etwas Nützliches in der Gesellschaft tun kann.

Und die Kinder selbst, die die Odenwaldschule besuchen? Manch einer hat die Vorstellung, eine private Internatsschule beherberge nur Kinder Gutverdienender. Die lange Namensliste bedeutender Leute, die entweder selbst hier waren oder ihre Kinder an die Odenwaldschule schickten, scheint dem, oberflächlich betrachtet, recht zu geben. Klaus und Erika Mann seien stellvertretend für viele erwähnt. Aber neben den Kindern mit seidener Bettwäsche und eigenem Reitpferd zu Hause, von denen jedoch auch so manches mehr als ein Problem hat, gibt es 30 Prozent der Kinder, für die die Kosten von Jugendämtern getragen werden. Wolfgang Harder schreibt in einem Aufsatz hierzu: „Die Odenwaldschule versteht sich noch immer als einen Ort, an dem Menschen aus allen Ländern Schutz und Schatten finden können: die Götterlieblinge und Sonntagskinder mit ihren spezifischen Gefährdungen ebenso wie die, zu deren täglichem Lernprogramm es auch gehört, schrittweise aus Sackgassen herauszufinden, mit Verletzungen umgehen zu lernen, Entbehrungen allmählich auszugleichen, Ängsten standzuhalten, Zuversicht und Selbstvertrauen zu gewinnen." (Paul Geheeb und die Odenwaldschule. In: Kreis Bergstraße, Heppenheim 1988)

Zum Beispiel Wiebke (Name geändert) aus Berlin. Wiebke, 12. Klasse, das zweite Jahr an der Schule, war zuvor an vielen Schulen. Auch an Privatschulen. Hat sich hängen lassen, war nicht direkt aufmüpfig, aber hat die Schule geschwänzt, sich rumgetrieben. Von sich aus hat sie dann Internatsadressen angeschrieben, mit Eltern und Jugendamt gesprochen. Die Odenwaldschule hat sie genommen. Es geht ihr hier gut, sie fühlt sich freier. Allerdings hatte sie – man mag es bei ihrer Biographie kaum glauben – große Schwierigkeiten, die Erwachsenen nach Sitte der Odenwaldschule zu duzen. Und die öffentlich ausgetragenen Lernverweigerungen von Kindern im Unterricht („Ich habe darauf heute keinen Bock." „Laß mich in Ruhe, Alter!") haben ihr fast einen Schock versetzt.

Oder Patrick (Name geändert). Er gehörte zu den Kiffern. Jetzt ist er aus dem Sumpf heraus. Irgendwann hat er vielleicht unbewußt nach dem Satz Geheebs zu handeln begonnen, daß der einzelne die Verantwortung für sich selbst trage und ebenso für die Gesamtheit. Er fand Gesprächspartner, die ihm halfen, mit seinem Problem umzugehen. Fertig mußte er aber damit allein werden. Die Gemeinschaft gab ihm jedoch Schutz und Geborgenheit.

Und die Lehrer?

Es ist nur noch Zeit, mit Hartmut Alphei zu sprechen, der wandelnden Chronik der Odenwaldschule. 20 Jahre ist er hier. Der Grundsatz Geheebs „Werde, der du bist" ist auch seiner. Deshalb ist er hier und bleibt hier. Die statistische Verweilzeit von Lehrern und Erziehern an der Schule beträgt zehn Jahre. Zehn Jahre an einer „gläsernen Einrichtung", einer Schule, in der jeder von jedem fast alles weiß, aber eben auch als „Einheit", als eine ganze Persönlichkeit wahrgenommen werden kann. Dennoch: Sehr viel an pädagogischem Humanismus muß man schon in sich tragen oder entwickeln können, um ein solches Leben zu leben.

Ein Nachmittag und ein Abend, ein zweiter ganzer Tag und ein Morgen sind wenig für eine Schule wie diese. Den letzten Abend verlebe ich mit Wolfgang Harder und seiner Frau. Bis gegen 20 Uhr sitzen wir noch mit den Kindern um einen Tisch. Die Achtkläßler sind quirlig und aufgeregt. Morgen, Freitag, beginnt das Heimreise-Wochenende. Welche Geduld muß man da als Familienoberhaupt haben! Dann sind wir „unter uns". Ich habe manchen Aufsatz von Wolfgang Harder vor meinem OSO-Besuch gelesen. Vor allem jenen zu bildenden Lern- und Lebenserfahrungen durch den Umgang mit Menschen, mit der räumlichen Umwelt, mit der Zeit und mit Sachen und Ideen an der Odenwaldschule. Ich habe ein lebendiges Programm gelesen, das die Forderungen der Zeit in sich aufnimmt und vor allem auf die Verläßlichkeit menschlicher Beziehungen setzt. Wolfgang Harder steht auch als Person ganz und gar dafür.

(im November 1992)

… zum Beispiel an der Laborschule in Bielefeld:

Die Menschen stärken, die Sachen klären und fünf pädagogische Lektionen auf einmal

Steckbrief der Schule

Die Bielefelder Laborschule ist eine staatliche Versuchsschule des Landes Nordrhein-Westfalen und zugleich Wissenschaftliche Einrichtung der Fakultät für Pädagogik der Universität Bielefeld. Sie wurde nach den Vorstellungen und unter der Leitung des Pädagogen Hartmut von Hentig gegründet. Ihre Aufgabe ist es, in Zusammenarbeit mit der wissenschaftlichen Pädagogik und den Fachdidaktiken neue Formen des Lehrens und Lernens zu entwickeln.

Die Laborschule nimmt Kinder im Alter von 5 Jahren auf. Sie umfaßt die Jahrgänge 0 (Vorschuljahr) bis 10. Ihre pädagogische Arbeit gründet sich u. a. auf folgende Prinzipien:

- Schule als ein Ort, wo Kinder und Jugendliche nicht nur lernen, sondern auch leben, Schule als Gemeinschaft (polis). Lernen „mit der ganzen Person", an und aus der Erfahrung: Belehrung soll – soweit dies möglich und sinnvoll ist – durch Erfahrung ersetzt werden.
- Stufung des Lernwegs: In den ersten 3 Jahren (Jg. 0, 1, 2) ungefächerter Unterricht in kleinen, altersgemischten Gruppen (Stufe I); im 3. und 4. Schuljahr Lernen weitgehend noch ganzheitlich bei beginnender Differenzierung; Beginn der 1. Fremdsprache; vom 3. Schuljahr an altersgleiche Gruppen (Stufe II); in Jg. 5–7 Unterricht nach Erfahrungsbereichen gegliedert; Beginn des Wahlunterrichts sowie der 2. Fremdsprache (Stufe III); in Jg. 8–10 Unterricht nach Fächern differenziert; Erweiterung des Wahlbereichs (bis zu einem Drittel der Gesamtzeit) durch „Leistungskurse"; in jedem Jahr 3 Wochen Betriebspraktikum; „Semesterarbeiten"; Abschlußorientierung und Berufswahlvorbereitung (Stufe IV).
- Individualisierung: Differenzierung der Angebote anstelle von Leistungsdifferenzierung, individuelle Abschlußprofile, individuelle „Berichte zum Lernvorgang" anstelle von Notenzeugnissen; Vergabe der üblichen Abschlüsse.

660 Schülerinnen und Schüler besuchen die Laborschule. Eltern können jederzeit im Unterricht hospitieren und spielen im Schulleben eine große Rolle. Wegen ihres besonderen pädagogischen Profils und ihrer Innovationsarbeit hat die Laborschule viele Besucherinnen und Besucher; darüber hinaus wird ihre Arbeit durch Publikationen und Filme einer pädagogisch interessierten Öffentlichkeit vorgestellt.

Zusammengestellt von Annemarie von der Groeben, Didaktische Leiterin der Laborschule

Drei haben heute keinen besonders guten Tag. Anna (sämtliche Schülernamen des Beitrags sind geändert) legt sich bäuchlings auf den Teppichboden, packt den Kopf in die Arme, signalisiert Un-Ansprechbarkeit. Sie hat ihren Liegeplatz jedoch gut gewählt: dicht an der Brüstung, wo sie – wenn sie will – ungehindert zur unteren Ebene schauen kann, aber auch einen freien Blick nach links und rechts zu den Arbeitsplätzen ihrer eigenen Gruppe hat. Nähert man sich ihr, verwächst sie förmlich mit dem Fußboden. Am täglichen Erzählen beteiligt sie sich aber. Und vor allem am Malen. Malen ist ihre Leidenschaft. Ich setze mich neben sie. Anna verdeckt demonstrativ ihr Blatt. Ich sage: „Du mußt nicht zuhalten. Ich schaue nicht hin; ich unterhalte mich lieber mit deiner Nachbarin." Ab und zu noch ein mißtrauischer Blick zu mir. Nach einigen Minuten stehe ich auf, sage ganz nebenbei: „Wenn du Lust hast, kannst du mir ja nachher dein Blatt mal zeigen. Du wirst ja sehen, wo ich bin." Zehn Minuten darauf hält sie mir ihr Blatt hin. Wortlos, aber immerhin. Ich staune: derbe Striche, wilde, leuchtende Farben – ein Bild von explosiver Kraft. Uta Görlich-Kreitmann, die Lehrerin, tritt hinzu, sagt: „Anna kann wunderschön malen." Anna bewegt das Gesicht, lächelt. Die erste freundilche Regung heute. Nach ungefähr 70 Minuten Unterricht.

Andy kann sich heute nicht konzentrieren. Mal sitzt er auf dem Gruppentisch, mal wirft er ein Buch aus dem Regal, redet wahllos dazwischen, hampelt und kaspert. Der zweitliebste Ausdruck unter Schülern – „Du A..." – geht ihm heute besonders leicht über die Lippen. Er wird den anderen lästig. Reaktion: „Wer ist der Oberdöfste in unserer Gruppe?“ „Andy natürlich.“

Melanie ist stinkig. Auf ihre Lehrerin. Gestern war Plätzchenbacken. Heute wieder. Vier bis fünf Kinder aus der altersgemischten „Blauen Gruppe“ von 14 Kindern (Nuller, Einser, Zweier) können jeweils mitmachen. Natürlich nicht, wer schon dran war. Melanie ist aber der Auffassung, sie könnte heute durchaus noch einmal zum Plätzchen backen gehen. Ihre Enttäuschung, ihre Wut kann sie während des ganzen Unterrichtstages nicht verbergen. Nur beim Gedichtlernen, zu dem sie sich in eine Ecke zurückgezogen hat, ist sie voller Eifer und ganz und gar sachbezogen. Ansonsten scheint sie es fast zu genießen, ihre schlechte Laune deutlich zur Schau zu tragen.

Drei Kinder von 14. Uta Görlich-Kreitmann läßt Anna Zeit, mit sich selbst ins Reine zu kommen, hält sich zurück, und Anna findet sich wieder. Dennoch die Sorge von Uta Görich-Kreitmann: „Aber sie muß doch lernen, sich einzuordnen, die Gruppeninteressen zu akzeptieren.“

Andy wird von der Lehrerin zur Seite genommen, zweimal im Laufe des Vormittags. „Warum benimmst du dich so? Keiner will, daß du dich hier wie ein Affe aufführst. Du bist doch ein Mensch und kannst dich auch selbst kontrollieren.“ Andy schaut zumindest nachdenklich drein. Und einige Zeit scheint das Gespräch in der Tat nachzuwirken. Er versucht zumindest, sich selbst in die Hand zu bekommen …

Bei Melanie wird die Auseinandersetzung öffentlich gemacht: „Ich glaube, im Moment kann ich dir so gut wie nichts recht machen. Du bist so beleidigt, so sauer. Das macht es uns Erwachsenen schwer, mit dir umzugehen.“

Das Öffentlichmachen hilft ein wenig. Gegen Ende des Unterrichts verläßt Melanie ihre selbstgewählte innere Emigration. Sie sagt „Danke!“, als ihr ein Kind ein Plätzchen anbietet.

Drei Kinder. Drei pädagogisch ganz unterschiedliche Zugangs- und Begegnungsweisen durch die Lehrerin. Eine erste Lektion.

Und was lernen die Kinder an diesem Tag?

Sie lernen ein erneutes Mal, mit Zeit umzugehen und sich ihre Arbeitszeit frei nach dem Tages- und Wochenplan eigenverantwortlich einzuteilen. Einem Kind ist der Wochenplan abhanden gekommen. Leichtes Erschrecken. Dann: „Da schreibe ich mir eben rasch einen neuen.“ Planlos will keiner arbeiten.

Sie lernen zu akzeptieren, daß viele Dinge gleichzeitig im Unterricht passieren: Lesen, Malen, Rechnen, Plätzchenbacken, Gedichtlernen, Schreiben. Das setzt Rücksichtnahme aufeinander voraus.

Sie lernen, daß ein Nuller vieles allein kann, aber auch Unterstützung durch die Einser und Zweier braucht: Er ist auf Vorlesen angewiesen und braucht ab und zu einen Rat, wie er sein Kalenderblatt gestalten kann.

Abb. 1. Weiß jeder, was er zu tun hat?

Abb. 2. Eine Weile muß noch nachgedacht werden
Fotos: Ursula Drews

Sie lernen, wie man in Island lebt und feiert, erfahren von heißen Quellen und Vulkanausbrüchen. Eine isländische Studentin erzählt. Die Neugier der Kinder war grenzenlos. Die Fragen kamen frei, offen und ungehemmt. Aber: Melden mußte man sich. Durcheinanderreden wurde nicht toleriert. Besonders beeindruckend war, wie die Kinder sich „Sprache" wünschten, sich in die fremden Laute hineinhörten – ganz still und aufmerksam.

Sie lernen Erzählen und Zuhören, rechnen lange Aufgabenreihen aus, schreiben Kalendergeschichten. Sie lernen Abläufe beim Plätzchenbacken kennen, lernen die Ungeduld zu bezähmen, wenn der Backvorgang für ihre Begriffe zu lange dauert.

David beobachte ich genauer. David ist ein Nullerchen. Vor die Wahl gestellt, ob er zuerst in seinem Buch arbeiten oder erst spielen wolle, sagt er mit größter Selbstverständlichkeit: „Erst arbeiten." Selbständig holt er sich sein Ausmal- und Geschichtenheft – im Augenblick übrigens *der* Renner in der Klasse. Er beginnt, ein Bild auszumalen, druckt die Buchstaben, die er kann, dazu, denkt sich eine Geschichte aus, erzählt sie, die Lehrerin schreibt sie auf. Trotz angespannter Arbeitshaltung ist David auskunftsfreudig, blättert stolz in seinem Buch, zeigt, was er schon ausgemalt und gedruckt hat, was andere für ihn aufgeschrieben haben.

Zweite Lektion: Kinder lernen gern und viel, wenn man ihnen vertraut.

Teilen ist derzeit ein gesellschaftliches Problem. Stichwort: Solidarpakt zum Beispiel. Leicht fällt Teilen nicht. Kürzlich hörte und las ich, daß schon kleine Kinder am liebsten alles für sich behalten möchten und mit niemandem teilen wollen – ob es nun Schokolade, Bonbons oder Spielzeug sei.

Die selbst gebackenen Plätzchen wurden zum corpus delicti. Die Gruppe, die am Vortag gebacken hatte, hatte nur wenig Teig zur Verfügung gehabt, und im Ergebnis brachte es jeder auf 4 bis 5 Plätzchen. Die durfte jeder mit nach Hause nehmen. Das war völlig problemlos. Heute stand die vier- bis fünffache Teigmenge zur Verfügung. Für vier Kinder wie am Vortag. Dazu kam der besondere Arbeitseifer und das rasche Arbeiten der heutigen Plätzchenbäcker. Ergebnis: Zwei der vier Kinder bringen Teller mit großen Plätzchenmengen aus der Küche nach oben. Neidvoll gucken die anderen. Das Wort „Abgeben" steht plötzlich im Raum. Die ursprüngliche Regel war aber: Jeder darf seine Plätzchen mit nach Hause nehmen. Der Konflikt ist da. Filiz beginnt zu weinen. Jule sieht das unkomplizierter, ist bereit abzugeben. Die Entscheidung wird hinausgeschoben, da sich die Ebenen-Versammlung mit der isländischen Studentin dazwischenscheibt.

Uta Görlich-Kreitmann meint beim gemeinsamen „Ortswechsel", daß sie noch nie eine Gruppe gehabt habe, die so wenig bereit sei zu teilen. Sie habe aber Hoffnung, daß sich das in einigen Monaten geben werde.

Nach dem Island-„Ausflug" ist das Plätzchenproblem wieder präsent. Filiz sagt plötzlich mit großer Selbstverständlichkeit und ohne jegliche Entsagungs- und e Opfermentalität: „Ich gebe jedem Kind ein Plätzchen ab." Was sie umgestimmt hat, ist nicht zu erfahren. Muß man vielleicht bei einem Kind auch nicht immer wissen.

Abb. 3. Plätzchenbacken in der Blauen Gruppe
Foto: Ursula Drews

Manchmal reicht es, das Ergebnis anzuerkennen. Auch Jule, die das schon angekündigt hatte, gibt ab. Beide machen die Runde um den Tisch. Privileg der beiden: Sie dürfen selbst aussuchen, was sie wem geben wollen. Also die Verfügbarkeit über „ihr" Produkt behalten sie. Uta Görlich-Kreitmann wendet sich an die Beschenkten: „Ich finde, ihr solltet euch bedanken." Bei der zweiten Runde sagt auch Melanie leise, aber vernehmbar „Danke!".

Dritte Lektion: Zuweilen ist das Ergebnis wichtiger als Ursachenforschung …

Das Plätzchenbacken lag in der Verantwortung von Daniela, einer Studentin. In Bielefeld gibt es zu Studienbeginn das sogenannte Integrierte Eingangspraktikum. Die Studenten können hierbei sechs Wochen lang Kinder im Unterricht beobachten, auch selbst mit ihnen arbeiten. Sie lösen sich dabei unter anderem von ihrer eigenen biographisch bedingten Schulsicht und gewinnen einen anderen Blick auf Schule. Bielefeld hat damit einen vielversprechenden Weg einer engeren Theorie-Praxis-Verbindung in der Lehrerausbildung erschlossen.

Daniela macht eine wichtige Erfahrung: Inwieweit Kinder Gerechtigkeits- und Ungerechtigkeitsgefühle entwickeln, hängt nicht selten von den Pädagogen ab. Daniela ist offen und freundlich zu den Kindern. Sie sind es auch zu ihr. Aber die Sache mit den Plätzchen hatte sie nicht richtig eingeschätzt. Eine um vieles größere

Teigmenge für die gleiche Anzahl von Kindern mußte zu Problemen führen. Aber gibt es nicht auch gestandene Pädagogen, denen so manche Fehleinschätzung unterläuft?

Vierte Lektion: Eine rechtzeitig wahrgenommene Unterrichtspraxis außerhalb eigener biographischer Erfahrungen kann für angehende Pädagogen nur heilsam sein.

Wie immer ist der Unterrichtstag rasend schnell vergangen. Ich überdenke noch einmal die Struktur des Tages. Für so manch einen ist freier und offener Unterricht nicht weit von Chaos und Durcheinander entfernt. Ein erneutes Mal aber überrascht mich die innere und äußere Ordnung, die Überschaubarkeit der Abläufe für das Kind: das allmähliche Eintreffen in der Schule bis 8.30 Uhr, das Eintragen in das Anwesenheitsbuch, das selbständige Bereitstellen und Ordnen von Unterrichtsmaterialien, die morgendliche Versammlung mit dem gemeinsamen Besprechen des Tagesplanes, der individuellen und gemeinsamen Aufgaben, das Erzählen, die zusammenhängenden Arbeitsphasen, das gemeinsame Frühstücken usw. usf. Uta Görlich-Kreitmann ist von morgens bis mittags mit den Kindern zusammen: als Ansprechpartnerin (die aber Selbständigkeit nicht bremst), als emotionaler Ruhepol, als stille Begleiterin. Aber auch als jemand, der Ruhe und Rücksichtnahme einfordert, der deutlich artikuliert, wenn ihn etwas ärgert, der auch streicheln und trösten kann. Der Tagesplan wird variabel gehandhabt, aber an Regeln des Umgangs miteinander und an gemeinsam erworbene Arbeitsregeln müssen sich alle halten.

Ach so, und aufgeräumt wird auch immer. Und das gilt für jeden. Im Wochenplan heißt es zum Beispiel „*Dein* Aufräumen ...“

Eine weitere Lektion?

(im Dezember 1992)

... zum Beispiel an der Fritz-Reuter-Schule mit Integrationsklassen in Wismar:

Miteinander leben und lernen

Steckbrief der Schule

Auch die Fritz-Reuter-Schule ist aus einer zehnklassigen allgemeinbildenden polytechnischen Oberschule hervorgegangen.

Schritte der Entwicklung der Schule mit Integrationsklassen:

01.08.1990	Initiative zur Einrichtung der Abteilung Integrationsförderung durch den Senator für Bildung und Abteilungsleiterin Bärbel Westphal
März 1990	Beginn der Installierung eines Förderausschusses
01.09.1991	Beginn mit der 1. Integrationsklasse, einer 1. Klasse, Einzugsgebiet Wismar-Stadt, Frequenz: 16 Schüler / Klasse, Anteil der Kinder, die einer besonderen pädagogischen Betreuung bedürfen 4 Schüler (25%). Symptomatik: körperliche Behinderung, mehrfache Behinderung. Lehrer-Konstellation: 2-Lehrer-System. (2 Grundschullehrerinnen) Unterrichtsform: offener Unterricht
Nov. 1991	Eröffnung einer 2. Integrationsklasse, einer 3. Klasse, Frequenz: 18 Schüler / Klasse, 1 körperbehindertes Kind, 1 Lehrerin, Unterrichtsform: Offener Unterricht
April 1992	Gründung des Fördervereins e. V. für Integration
Mai 1992	Projekt „Behindertengerechter Schulhof" als interfraktioneller Antrag von der Bürgerschaft genehmigt
Juni 1992	Projekt „Behindertengerechter Schulgarten" begonnen. Von 102 Eltern, die ihre Kinder zur Einschulung anmeldeten, wollten 75 Eltern eine integrative Beschulung
22.08.1992	2 weitere Integrationsklassen werden gebildet Klasse 1 a: 13 Kinder + 3 behinderte Kinder Klasse 1 b: 14 Kinder + 2 behinderte Kinder Beide Klassen im 2-Pädagogen-System im offenen Unterricht.

Von Oktober 1991 bis Juni 1992 war die Fritz-Reuter-Schule Beratungs- und Informationsstelle für integrative Maßnahmen.

Viele Fortbildungsveranstaltungen werden an der Schule organisiert. Am 26.11.1992 wurde erstmalig ein „Tag der offenen Tür" durchgeführt, an dem sich die Schule mit Ergebnissen und Problemen ihrer Arbeit interessierten Lehrern und Eltern Mecklenburg-Vorpommerns sowie Kommunalpolitikern vorstellte.

Bärbel Westphal, Schulleiterin

Ob eine Katze kastriert und ein Kater sterilisiert wird oder umgekehrt – das bringen sie hin und wieder noch durcheinander. Doch das ist eine reine Frage der Fachausdrücke. Klar ist den Kindern aus der 2b an der Fritz-Reuter-Schule, daß es in Wismar viel zu viele herumstreunende Katzen und Kater gibt. Wenn man ihre Vermehrung stoppen will, muß etwas getan werden. Deshalb schließen sie sich der Aktion des ortsansässigen Tierschutzvereins an und sammeln Geld für tierärztliche Eingriffe. Einer der Lebensfäden der Schule zur Kommune. Es gibt deren viele.

Ein anderer: die behindertengerechte Veränderung des Schulhofes mit kommunaler Beteiligung. Der Schulhof soll nicht „möbliert" werden, wie Schulleiterin Bärbel Westphal sagt, sondern eine Pausenlandschaft soll entstehen. Eine Pausenlandschaft, wo sich auch Kinder im Rollstuhl ungehindert bewegen können. Das allerdings ist noch ein Traum. Aber manche Träume werden heute sehr schnell geträumt. Die Pläne hängen schon im Schulhaus aus. Vielleicht dauert es nur noch ein Jahr, vielleicht auch zwei, bis die Schule ihren Traumhof hat.

Ein weiterer Lebensfaden der Schule: die Eltern. Als Sandra aus der 4a vor anderthalb Jahren in die Schule aufgenommen werden sollte, mußten die Eltern aller anderen Kinder gefragt werden. Sandra ist ein Rollstuhl-Kind. Die meisten Eltern seien empört gewesen, sagt Marlene Wernikowski, Lehrerin der 4a. Nicht wegen

Abb. 1. Die Reuter-Schule in Wismar
Foto: Foto-Heinrich, Wismar

Sandra, sondern wegen der erforderlichen Befragungsprozedur. Für sie war Sandras Aufnahme eine menschliche Selbstverständlichkeit.

Im übrigen: Die Elternversammlungen haben sich gewandelt. Selten, daß einmal keine Unterrichtsmittel für die Kinder gemeinsam hergestellt oder der Unterricht – per Video eingespielt – bestaunt, aber kritisch begutachtet wird.

Während ich hospitiere, bringen Eltern ihre Kinder, setzen sich an den einen oder anderen Tisch, helfen beim Üben, packen Körbe mit Geburtstagskuchen und Brötchen aus, streichen dem einen oder anderen Kind über den Schopf, weisen aber auch schon einmal ein Kind leise zurecht. Im stillen Einvernehmen mit den Lehrerinnen. Und mit den Kindern ebenfalls. Brigitte Frank und Karin Ziebuhr, beide Lehrerinnen in der 1b, sagen: „Wir haben 17 liebe Kinder und 17 phantastische Elternhäuser." Es gibt nicht allzu viele Schulen, wo solche Beziehungen zwischen Lehrern, Kindern und Eltern herrschen.

Die Fritz-Reuter-Grundschule ist eine Stadtkernschule. Zur Zeit besuchen 326 Kinder die Schule. Sie werden von 21 Lehrern in 17 Klassen unterricht. Am 1. September 1991 wurde erstmalig begonnen, Integrationsklassen einzurichten. 16 Schüler wurden in eine 1. Klasse aufgenommen, davon bedurften vier Kinder einer besonderen pädagogischen Betreuung. Sie sind körperlich behindert, haben zum Teil mehrfache Behinderungen. Zwei Lehrerinnen wurden eingesetzt. Erste Schritte in Richtung Öffnung des Unterrichts wurden gegangen. Im November 1991 wurde eine weitere Integrationsklasse eröffnet, eine 3. Klasse. In die Klasse gingen 18 Schülerinnen und Schüler, ein körperbehindertes Kind kam dazu. Bis heute unterrichtet hier nur eine Lehrerin. Im August 1992 wurden zwei weitere Integrationsklassen aufgenommen. In Klasse 1a und 1b wird nach dem Modell 15 + 3 unterrichtet. In beiden Klassen gibt es je zwei Lehrerinnen. Beide Klassen wiederum errichten keine „chinesischen Mauern“ zueinander.

Geht man durch die Schule, spürt man die Anstrengung nicht, die die Lehrerinnen hinter sich und jeden Tag vor sich haben. Was an individueller Kraft hat es gekostet, um sich fortzubilden: Wie gehe ich mit behinderten Kindern um? Was muß ich über die Art der Behinderung wissen? Welche Unterrichtsart ist die einer gemeinsamen Unterrichtung von behinderten und nicht behinderten Kindern gemäße? Kann ich mir selbst die Öffnung von Unterricht zumuten? Aber auch in materieller Hinsicht wurde der Schule – trotz Unterstützung durch den Senator – nicht allzu viel geschenkt. Obwohl das Kollegium mittlerweile einiges an Pfiffigkeit entwickelt hat ... Beguckt man sich die Regale, Tische, Stühle in den wunderschön gestalteten Klassenräumen näher, merkt man: Fast alles ist zusammengetragen, selbst repariert, gestrichen, wieder aufgemöbelt. Auch hier ging es nicht ohne die Eltern.

Wismar ist keine vom Schicksal verwöhnte Stadt. Es gibt viele Arbeitslose und viele soziale Probleme. Aber diese Schule ist etwas Besonderes. Sie bietet Freundlichkeit und Wärme durch Menschen und Sachen. Sie vermittelt jedem Kind das Gefühl des Gebrauchtwerdens und des eigenen Wichtigseins. Auch und gerade für die jeweilige kleine Gemeinschaft. Sie hat es geschafft, ein soziales Klima zu entwikkeln, zu dem auch Außenstehende sofort Zugang finden.

Ich stelle mich vor. Die Kinder: „Wir möchten uns auch vorstellen.“ Es ist Montag. Die Kinder gleiten langsam in den Unterrichtsalltag hinein. Nur Frank (Schülernamen sämtlich verändert) schafft es nicht. Er hat große Schwierigkeiten. Helga Beneike, eine der beiden Lehrerinnen der 1a, massiert behutsam seine Nackenpartie. Allmählich kann er dem, was im Morgenkreis passiert, folgen. Helga Beneike und Gudrun Richter arbeiten viel mit Musik. Das bekommt behinderten und nicht behinderten Kindern gleichermaßen gut. Und es schafft eine angenehme emotionale Grundstimmung in der Klasse.

Dann werde ich Zeugin eines didaktischen Phänomens. Helga Beneike sagt: „Wir wollen ein Projekt machen.“ Die Kinder schauen etwas ratlos drein. „Ihr wißt nicht, was das ist! Das kann ich mir denken. Erinnert ihr euch an die ‘Vogelhochzeit’ der 2b? Wir wollen uns etwas Ähnliches vornehmen. Wir wollen ein Projekt

Abb. 2. Gemeinsam lernt sich's besser
Foto: Foto-Reinhard, Wismar

zum Fasching machen. Das, was wir in Lesen, Mathematik, Zeichnen, Musik und Werken tun, soll alles auf Fasching bezogen werden." Punkt. Pause. Nachdenken. Das dauert aber keine halbe Minute. Dann sprudeln die Siebenjährigen los:

„Wir können in Werken Faschingsmasken basteln."
„Wir malen, was alles zum Fasching gehört."
„Wir dekorieren unseren Klassenraum."
„Wir malen Faschingsplakate."
„Wir nähen uns Faschingskostüme. Meine Mutter hilft uns."
„Wir machen ein buntes Faschingsbüfett."
„Wir müssen genau ausrechnen, wieviel Pfannkuchen und Gläser wir brauchen."

Meine Erkenntnis: Wie schnell erfassen doch Kinder manchmal etwas, womit Erwachsene sich nicht selten arg schwer tun. Die Kraft der Beobachtung, des Transfers und des Nachmachens sollte man bei Kindern vielleicht doch viel höher ansetzen?

Barbara Kornell in der Klasse 2b ist allein. Ihre Tandempartnerin ist krank, kommt aber nach dem Arztbesuch „auf einen Sprung" in die Klasse, erzählt den Kindern, wie es mit ihr weitergeht. Große Freude auf beiden Seiten.

In die 2b gehen 16 Kinder, Michelle muß im Rollstuhl gefahren werden, ein Kind hat eine Blaseninkontinenz, zwei andere Kinder haben Lernprobleme.

Jedes Kind der Klasse bekommt einen individuellen Arbeitsplan. Im Morgenkreis wird besprochen, was zu tun ist. Gruppen finden sich zusammen. Die Reihenfolge der Arbeiten bestimmen sie selbst. Die ruhige Arbeitsatmosphäre beeindruckt mich. Ebenso die Auskunftsfreudigkeit der Kinder, ihr Ausgeglichensein, ihre Höflichkeit. Die Kinder arbeiten so ruhig und selbständig, daß manche Lehrerin und mancher Lehrer aus einer 7. oder 8. Klasse neidisch werden könnte ...

Da ist beispielsweise Anne. Mit einer kleinen Gruppe wertet sie eine Verkehrsbefragung aus: Wieviel Kinder müssen die Straße fünfmal überqueren, wieviel viermal, wer geht zu Fuß, wer fährt mit dem Fahrrad, wer wird mit dem Auto gebracht ... Es ist erstaunlich, wie diese Achtjährige den Überblick behält.

Barbara Kornell ist als Helferin, Beraterin, auch Stoffvermittlerin dort, wo sie gebraucht wird, zur Stelle. Hier sitzt sie länger neben einem Kind, dort genügt ein kurzer Blick, woanders bedarf es einer Ermutigung oder einer Ermahnung. Die Arbeiten der Woche werden gesammelt. Jedes Kind legt seine Arbeitsergebnisse in einen Kasten. Am Wochenende wird sortiert, die Blätter werden säuberlich abgeheftet. Die Mappen sehen unterschiedlich aus. Am Ende ihrer kurzen Stippvisite sagt Margitt Dubrow: „Aber wissen Sie, wir reden hier nicht von guten Schülern, sondern von Schülern, die weiter sind als andere ...“

In der 1b, bei Brigitte Frank und Karin Ziebuhr, erlebe ich einen Abschlußkreis. Für Kinder ist eine Reflexion über das, was am Tage passiert ist, sehr wichtig. Kann doch die Öffnung von Unterricht zuweilen der Eindruck entstehen, daß der Unterrichtstag nicht mehr strukturiert sei. Für ein Kind aber sind durchschaubare Strukturen unabdingbar. Strukturen räumlicher und zeitlicher Art. Die 2b spricht über das Turnen, über das anschließende Frühstück, das übrigens im Tagesablauf für das soziale Miteinander eine große Rolle spielt. Sie spricht über den Brief, den Gina an die Klasse geschrieben hat, über Normans Vorstellung des Computers, über Deutsch und Mathematik. Und plötzlich sind alle „sauer“: Die Unterrichtszeit ist beendet. Aber da sollte doch im Abschlußkreis noch jemand vorlesen. Motzen nutzt nichts. „Aber morgen ganz bestimmt!“ verlangen die Kinder. Die Zusage läßt sie beruhigt nach Hause gehen.

Es ist noch Zeit, das am Vorabend mit der Schulleiterin bis in die Nacht hinein geführte Gespräch fortzusetzen. Bärbel Westphal hat am eigenen Leibe erfahren, wie es ist, mit einem behinderten Kind den Marsch durch die Institutionen zu wagen. Vorausgesetzt, man möchte das Kind „normal“ beschulen lassen. Das war noch zu DDR–Zeiten. Um die Sorgen von Eltern dieser Kinder also sehr gut wissend, hat sie ihr Engagement seit der Wendezeit auf die Intergration behinderter Kinder gerichtet. Zunächst im Schulamt, nun als Schulleiterin. Besuche in Lübeck, Hamburg und eine schöne Zusammenarbeit mit dem Pädagogischen Zentrum in Berlin haben geholfen, weitere Klarheit über das zu bekommen, worauf sie sich als Pädagogin einlassen wollte. Daß es mit Haut und Haaren sein würde, sein müßte, ahnte sie bereits. Aber die Dimensionen nahmen erst allmählich Gestalt an.

Und jetzt ist sie mit dem Großteil ihrer Kolleginnen mittendrin. Daß *alles* an einer Schule mit Integrationsklassen stimmen muß, ist ihr Credo. Wie soll zum Beispiel ein behindertes Kind seine Autonomie erwerben und schützen, wenn es sich nicht allein den Po abwischen kann? Stichwort: behindertengerechte Toiletten. Nur eines der Ausstattungsprobleme der Schule, das zu lösen war.

Aber ebenso wichtig war und ist das pädagogische Konzept der Schule. Als Bärbel Westphal in Lübeck war, traf es sie wie ein Blitz. So sagt sie zumindest heute. Eine Lernlandschaft in der Klasse zu schaffen, den Unterricht zu öffnen. Das war für sie nicht nur *die* Lösung für integrativen Unterricht, sondern ein Grundsatz zur Bewältigung sozialer Probleme überhaupt und zur Lösung des leidigen Disziplinproblems. Jetzt wird die Öffnung von Schule und Unterricht noch ein weiteres Stück vorangetrieben. Ein Kinderrat wurde gegründet – wählbar ab Klasse 2. Er trifft sich wöchentlich einmal bei der Schulleiterin. Pausenprobleme, Busprobleme, Schwierigkeiten der Raumpflegerinnen u.a.m. wurden besprochen. Die Kinder lernen Mitwirkung an den Angelegenheiten ihres Gemeinwesens.

Nicht erst im Zug von Wismar nach Berlin drängt sich mir die Frage auf: Was wird mit den behinderten Kindern nach der 4. Klasse? Wird ihre Kraft und Stärke hinreichend entwickelt sein, um auch eine mögliche „Rückführung" aus „normalen" Klassen ohne Verlust an gewonnener Autonomie und Selbständigkeit hinnehmen zu können? Gibt es andere Lösungen?

(im Januar 1993)

... zum Beispiel an der Jenaplan-Schule in Jena:

Es wäre gut, wenn man manches Schulhaus von innen nach außen betreten könnte

Steckbrief der Schule

Im September 1991 wurde die Jenaplanschule in Jena eröffnet. Das Konzept dieser Schule gründet sich auf den in den zwanziger Jahren unseres Jahrhunderts entwickelten Jenaplan des Reformpädagogen Peter Petersen. Er leitete bis 1950 die Universitätsübungsschule hier in Jena (Grietgasse), die dann aus politischen Gründen geschlossen wurde. Heute steht Peter Petersen in einer Reihe mit so berühmten Pädagogen wie Montessori und Freinet. Allein in Holland gibt es über 250 Jenaplan-Schulen.

Die Schule ist eine Angebotsschule, sie wird also von Kindern aus dem ganzen Stadtgebiet Jenas und seiner Umgebung besucht. Sie hat sich u. a. die Aufgabe gestellt, verhaltensgestörte, lernbehinderte und körperbehinderte Kinder zu integrieren. Kindern, die an anderen Schulen Probleme haben, sich einzufügen, möchte man hier, gestützt auf neue pädagogische Ideen, ein Lern- und Lebensfeld geben.

Das Bedürfnis nach einem solchen Konzept ist bei den Jenenser Eltern sehr groß. Zur Zeit lernen an der Schule etwa 200 Kinder, wobei der Anzahl der Aufnahmewünsche nicht annähernd entsprochen werden kann.

Die Schule befindet sich noch im Aufbau und arbeitet zur Zeit vom Vorschulalter bis zum siebenten Jahrgang. In drei Jahren werden die ältesten Schüler hier ihren Haupt- oder Realschulabschluß ablegen können.

Durch das Thüringer Kultusministerium wurde die Schule als Schulversuch anerkannt. Die Jenaplanschule ist eine Lebensgemeinschaftsschule, die Achtung und Würde des Kindes stehen über allem.

Statt der üblichen Klassen gibt es altersübergreifende Stammgruppen der Jahrgänge 1 bis 3, 4 bis 5 und 6 bis 7. Hinzu kommt eine Integrationsklasse, in der Behinderte und Nichtbehinderte gemeinsam lernen.

Text: Jenaplanschule

In krakeligen Großbuchstaben, aber diktiert von schönem Selbstbewußtsein steht es da:

Ich bin mit meinem Zeugnis sehr zufrieden. Ich finde, daß Sie recht haben.

Die das schreibt, ist eine Erstkläßlerin. Wozu sie sich äußert, ist die erste verbale Beurteilung ihres Lebens. Ihrem ästhetischen gestalteten Zeugnis ist – ebenso wie den Zeugnissen aller anderen Kinder in allen Gruppen – ein Blatt beigefügt mit dem Text: „Liebe Eltern, auf dieser Seite können Sie und Ihr Kind Meinungen zum Zeugnis äußern." Und sie tun es. Vor allem die Kinder.

Eine gute Idee der Schule, die im Vorfeld ausführlich besprochenen Texte, die ab Jahrgang 4 mit Ziffernbenotung gekoppelt werden, einer eigenständigen Kommentierung durch die Betroffenen auszuliefern. Bestandteil der Jenaplan-Pädagogik: Kinder sollen mündig und in die Regelung ihrer eigene Angelegenheiten einbezogen werden. Die dem „Schulversuch Jenaplan-Schule" auferlegte Beschränkung, auf Ziffernbenotung nicht gänzlich verzichten zu dürfen, ist dabei zunächst einmal zweitrangig.

Die Jenaplan-Schule wurde 1991 in Jena eröffnet. In Jena, dem Ort, wo der nicht ganz unumstrittene Peter Petersen, der Vater des Jena-Planes, von 1923 bis 1950 lehrte und forschte. Die der Universität zugehörige Übungsschule wurde 1950 geschlossen. Petersen starb 1952.

Die Schule, durch das Thüringer Kultusministerium als Schulversuch anerkannt, ist eine Angebotsschule. Sie wird von Kindern aus der ganzen Stadt besucht und weiter ausgebaut. Der Andrang ist groß. Viele Anmeldungen müssen unberücksichtigt bleiben. Derzeit besuchen 200 Kinder die Schule, vom Vorschulalter bis zum siebenten Jahrgang. Unterrichtet wird in altersübergreifenden Gruppen. Jahrgangsklassen gibt es nicht. In drei Jahren werden die ersten Schüler ihren Haupt- oder Realschulabschluß ablegen können.

Montagmorgen in der altersübergreifenden Stammgruppe der Jahrgänge 4 und 5: der Kreis, eine Art Heiligtum der Jenaplan-Pädagogik. Der Präsident gibt das Triangel-Signal. Im Uhrzeigersinn sagt jeder jedem „Guten Morgen". Wichtig: Man schaut einander an und sagt den Namen.

Die Gruppe hat sich geeinigt: Die Kinder wollen sich gegenseitig nicht mehr mit endlosen Berichten über Wochenend-Erlebnisse nerven. Sie wollen über Themen debattieren, die sie alle angehen. Ein erster Versuch. Der Ausgang ist ungewiß.

Heutige Themen: Feiergestaltung, Umweltprojekte, Fahrt nach Plothen, Wiesbaden / Helene-Lange-Schule. Stichpunkte, die an der Tafel stehen.

Die Feier – ebenfalls jenaplan-typisch – findet jeden Freitag mit allen Schülerinnen und Schülern der Schule statt. Der Raum, den die Schule hierfür hat, ist klein. Man sitzt fast übereinander. Dabei beschäftigen die Kinder gar nicht einmal so sehr die Feierinhalte, sondern viel mehr noch die Regeln der Benutzung des Feierraumes. Und da gibt es ein großes Problem: Es stehen nur ganz wenige Stühle zur Verfügung. Eigentlich sind sie für die behinderten Kinder und die Besucher – „die Erwachsenen und die Omas", wie einer der Schüler es ausdrückte – bestimmt. Aber, aber ...

Sebastian: „Die Großen 'rammeln' in den Raum und nehmen sich einfach die Stühle." Ein anderer Schüler: „Ich finde, das müßte man ihnen abgewöhnen. Die haben doch auch keine größeren Rechte als wir." Die Erregung steigt. Rücksichtnahme und soziales Handeln werden eingeklagt. Der Präsident gibt mit dem Triangel laut und heftig Signale. Ethel Schweiger, die Lehrerin, wie Lehrer Wolfram Bindel gleichberechtigtes Mitglied im Kreis, aber dennoch behutsame Lenkerin, mahnt an: „Nicht durcheinander! Wir wollen doch miteinander reden." Eine Lösung des Stuhlproblems findet sich nicht. Ist wohl auch nicht durch eine einzelne Stammgruppe möglich. Aber der Schülerrat und die Lehrer werden sich der Sache annehmen.

Die Jenaplan-Schule schließt sich nicht ab. Sie hat enge Beziehungen zur IGS „Grete Unrein" in Jena und zur „Helene-Lange-Schule" in Wiesbaden. Schülerinnen und Schüler der beiden Ost-Schulen haben ein Musical einstudiert. Aus der West-Side-Story wurde eine East-Side-Story gemacht. Die Konfliktpartner rekrutieren sich aus linker und rechter Szene in Deutschland. Das Musical wurde ein

Abb. 1. Im Feierraum sitzen alle dicht aneinandergedrängt
Foto: Schule

Abb. 2. Das Gebäude der Jenaplan-Schule
Foto: Schule

Riesenerfolg in der Stadt. Vier Aufführungen bereits vor ausverkauftem Haus! Und nunmehr eine Einladung an die „Helene-Lange-Schule“ nach Wiesbaden.

Henning, der Schlagzeuger, kommt aus der Jenaplan-Schule, war mit in Wiesbaden und berichtet im Kreis. Ein Lehrstück: Was nehmen Kinder wie wahr?

„Die Schule erinnert mich sehr an unsere Schule. Sie haben dort auch Präsentationen, machen freies Schreiben, setzen sich in den Kreis und haben Fußbodenbelag drin wie wir. Es geht dort aber bis Klasse 13. Ein bißchen haben wir erwartet, daß sie sagen: I, die Ossis kommen! War aber nicht so. Wir haben auch mit einer Klasse diskutiert, wie Wessis vor der Wende über uns gedacht haben. War ganz interessant. Noch was zu Wiesbaden: Das ist eine tolle Stadt, aber ein bißchen nobel. Dort wohnen die meisten Millionäre. Ich habe nicht bei einem Millionär gewohnt, aber ganz schön reich waren die Leute auch. Drei Pferde haben sie und drei Bäder. Aber auch sechs Kinder. Jedenfalls war es richtig toll!“

Und dann gibt es Fragen zur East-Side-Story. Henning erklärt, wirbt, ist aber wohl doch noch kein so richtiger Marktwirtschaftler. Als er darüber spricht, daß es auch eine Kassette zum Musical gäbe, sagt er, daß sie aber ganz schön teuer sei: DM 10.–! Das „Nur DM 10.–!“ hat er noch nicht gelernt. Und dann meint er noch, ein Verspieler sei auch drauf ... Aber man merke es nicht so.

Henning, das Musikertalent, souverän, natürlich, humorvoll. Insgeheim wünsche ich ihm, daß er vieles von dieser Art sich zu geben, behalten möge.

Die geplante Fahrt mit der ganzen Schule Ende Juni nach Plothen läßt die Debatte erneut in äußerste Erhitzung geraten. Bei einigen aus der Gruppe scheint sich schon so etwas wie Reisefieber einzustellen. In Plothen soll in herrlicher Umgebung an einem Umweltprojekt gearbeitet werden. Es hagelt Ideen. Aber auch ganz schlichte Fragen nach Frühstück, Unterbringung, Tischtennisbällen und der Art von Fischen, die es dort im Wasser gibt.

Die allgemeine Aufregung macht es nötig, erneut die Einhaltung von Gesprächsregeln anzumahnen. Ethel Schweiger: „Ich verstehe die Aufregung, aber ihr wißt, daß wir uns nur verständigen können, wenn wir den anderen zuhören.“ Der Kreis wird abgeschlossen mit der Bestimmung des Präsidenten und der anderen Ämter für die Woche.

Am Nachmittag nehme ich an einer Dienstberatung teil. Es geht unter anderem um die Fragen, wie man das soziale Moment, das Miteinander und vor allem die Beteiligung der Kinder an der Planung des Unterrichts, des Schullebens überhaupt, besser bewältigen könne. Die Gruppe, die ich am Morgen besuche, hat schon viele gute Voraussetzungen hierfür.

Es wäre gut, wenn man manche Schulen von innen nach außen betreten könnte. Vor allem diese hier.

Dem tristen Schulbau, der allerdings auf einem riesigen und einfallsreich gestalteten Schulhof steht, sieht man sein Innenleben nicht an. Bedingungen für Schul-Leben im Sinne der Praxis von Jenaplan-Schulen: eine Laubhütte, im „Eine-Welt-

Projekt" des vergangenen Jahres entstanden, eine riesige Blättercollage, sorgfältig gerahmte Schülerarbeiten zu den Lichtenhainer Fresken, Arbeiten zum Absolutismus, Regale, Bücher, Schränke, Sitzecken zum Klönen und Stillarbeiten und Arbeiten in kleinen Gruppen. Eine Bibliothek, ein Nähzimmer mit einer Kollektion gebrauchter Nähmaschinen. Ganz wichtig zum Nähen von Kostümen für Theateraufführungen und für Projekte. Fast nichts ist neu. Gisela John, die Schulleiterin, und ihr Kollegium besitzen eine große Findigkeit. Es ist erstaunlich, wo sie all diese Gegenstände aufstöbern, wie sie Eltern und andere Verbündete finden, die sie herrichten, wieder funktionstüchtig machen, ihnen ein ästhetisches Gesicht geben. Die Ungeduld der Ideen treibt Gisela John und die Kolleginnen und Kollegen. Als nächstes steht ein Töpferwerkstatt auf dem Plan. Und: Ein Schülerhaus soll entstehen, das Leben, Lernen, Gemeinschaft in freier Natur ermöglicht. Ein Verein wurde eben dafür gegründet. Wiederum gemeinsam mit der Grete-Unrein-Schule.

Die Bosch-Stiftung hat eine Anschubfinanzierung gegeben. Der für die Mehrzahl der Schülerinnen und Schüler noch „geheime Ort" wird demnächst zur Besichtigung freigegeben. Und dann geht es los, das Bauen, Umbauen, Ausbauen, Einrichten, Schwielen holen, Freude haben, vielleicht aber auch Aufgeben-Wollen und sich wieder Durchbeißen-Müssen. Für letzteres wird Gisela John mit ihrer eigenwilligen Energie und unwiderstehlichen Ausstrahlung mit Sicherheit sorgen.

Aber der Unterrichts-Vormittag ist noch nicht zu Ende. In einer Untergruppe (Jahrgänge 1 bis 3) werden während der Kurszeit Vögel behandelt. Die Kinder stellen hierzu eigene Arbeiten vor, die sie zu Lebensweise, Nestbau, Brutpflege, Nahrung der Nachtigall, der Amsel, der Feldlerche und anderer Vögel angefertigt haben. Das Niveau, die Intensität, mit dem sich einzelne Kinder mit dem Thema auseinandergesetzt haben, ist beträchtlich. Die Vorstellung der Ergebnisse im Kreis wird durch Klatschen honoriert. Anschließend arbeitet jeder nach seinem Wochenplan, in Ansätzen helfen sie sich auch untereinander. Sie fragen einander und Marion Bornschein, die Lehrerin. Auch Inge Navrotzki, die Erzieherin, die sich heute in den Vormittag eingeklinkt hat, ist Ansprechpartnerin. Die Atmosphäre ist wohltuend. Die Regeln des Umgangs miteinander haben sich die Kinder selbst gegeben. Jeder hat seine Regel auf ein Poster an die Tür geklebt. Zum Beispiel: Wir sind leise beim Lesen und Schreiben und stören niemanden. Wir halten unsere Dienste ein. Wir wollen uns vertragen. Wenn wir gelesen haben, stellen wir die Bücher ins Regal zurück. Wenn wir den Raum verlassen, räumen wir den Platz auf. Kinder regeln eigenverantwortlich ihr Lernen und Leben an der Schule.

Kerstin Hoffmann, eine junge Praktikantin, hat heute den Deutschkurs im 7. Jahrgang übernommen: Goethe und Schiller, ihre etwas schwierige Freundschaft, das Balladenjahr, die Beziehung beider zu Jena. Da die Beziehung der Kinder zu ihrer Stadt zu stimmen scheint, machen sie Goethe auch gleich noch zum Professor in Jena …

Faszinierend ist für mich, wie diese Pubertierenden, die ja in jeder Beziehung „cool“ sein möchten, den „Zauberlehrling“ aufnehmen: eingespielt auf einer Kassette und gesprochen von Lutz Görner. Exzellent gesprochen – unkonventionell und mit leichter Ironie! Genau richtig für die Zwölf- bis Dreizehnjährigen. Schade, daß niemand die Gesichter gefilmt hat!

Goethe und Schiller stehen aber nicht nur als Literaten und Dichter zur Diskussion. In der Stammgruppe werden Führungen durch die Goethe- und Schiller-Gedenkstätte in Jena und Umgebung organisiert, eigene Führungen gemacht (das setzt gründliche Arbeit voraus), eine Fotodokumentation angelegt. Und last but not least, der naturwissenschaftliche Goethe wird mit Farblehre, Barometerbau u.a. in die Wochenplanarbeit einbezogen. Die naturwissenschaftlichen Fächer klinken sich also mit ein. In allen Aufgaben-Angeboten fällt mir dabei auf, daß alle Kinder zum Überschauen der zur Verfügung stehenden Zeit und zu realistischer Zeitplanung angehalten werden.

Die nachmittägliche Dienstbesprechung, an der Ingeborg Maschmann teilnimmt, emeritierte Professorin an der Pädagogischen Hochschule Lüneburg, ehemalige Lehrerin an der Jenaplan-Schule in Jena noch zu Petersens Zeiten und wissenschaftliche Begleiterin des Schulversuchs, bringt eine Verbindung theoretischer Ansätze und eigener praktischer Erfahrungen und Probleme. Von allen Kolleginnen und Kollegen wurden knappe Texte aus Petersens Buch „Die Praxis der Jenaplan-Schulen“ gelesen. Gisela John greift nochmals einige Passagen auf, regt zur Interpretation an. Und dann die Debatte: Kommt bei uns das soziale Moment nicht noch zu kurz? Können die Schüler hinreichend gemeinsam arbeiten? Wie beziehen wir die Schüler noch mehr in die Planung ein? Orientieren wir uns schon genügend an den Schülern? Aber auch die Sorge: Ist das Wissen, das sich die Schüler aneignen, auch tiefgründig genug? Können sie etwas damit anfangen? Wir wollen keine Oberflächlichkeit!

Probleme, Fragen, die sich das Kollegium selbst stellt, über die es nachdenkt und die es ein Stück weiterbringen werden. Verbindung von Theorie und Praxis – ganz praktisch.

(im Mai 1993)

... zum Beispiel an der Bischöflichen Maria-Montessori-Gesamtschule in Krefeld:

Hilfe für die menschliche Person, ihre Unabhängigkeit zu erobern

Steckbrief der Schule

Die bischöfliche Maria-Montessori-Gesamtschule in Krefeld befindet sich in Trägerschaft des Bistums Aachen. Das besondere Erziehungsziel der Schule ist, jungen Menschen zu helfen, sich verantwortungsbewußt als Christ vor Gott und gegenüber den Mitmenschen zu verhalten. Wege hierzu weist die italienische Ärztin und Pädagogin Maria Montessori, deren Namen die Schule trägt. Sie selbst beschreibt ihre Intentionen wie folgt:

„Man möchte gern in einigen deutlichen Worten das Wesen der Montessori-Methode ausgedrückt sehen. Wenn wir nun nicht allein den Namen, sondern auch die allgemein gängig Auffassung von 'Methode' aufgeben würden und statt dessen eine andere Formulierung verwenden würden: Wenn wir sprächen von einer 'Hilfe für die menschliche Person, ihre Unabhängigkeit zu erobern', von einem 'Mittel, sie von der Unterdrückung durch alte Vorurteile über die Erziehung zu befreien', dann würde alles klar sein. Die menschlich Personalität muß in den Blick genommen werden." (Maria Montessori: Über die Bildung des Menschen. Freiburg 1966, S. 16)

Die Maria-Montessori-Gesamtschule umfaßt die Jahrgänge 5–13; an ihr können der Hauptschulabschluß, die Fachoberschulreife, die Qualifikation für die gymnasiale Oberstufe und das Abitur erworben werden. 80 bis 90 Prozent der Schülerinnen und Schüler der Gesamtschule haben bereits die Maria-Montessori-Grundschule gleich nebenan und den Kindergarten besucht. Die Schule ist eine Angebotsschule, arbeitet eng mit 5 Kinderheimen zusammen und nimmt auch behinderte Kinder auf. Die Nachfrage ist groß, von ca. 180 Anmeldungen jährlich können nur 120 berücksichtigt werden. An der Schule arbeiten alles in allem 110 Mitarbeiter – einschließlich Zivis, Praktikanten, Pädagogen (einschließlich Teilzeitkräften). Die Maria-Montessori-Gesamtschule ist ein vierzügige Halbtagsschule. Alle Lehrerinnen und Lehrer der Schule haben zusätzlich zu ihrer pädagogischen Ausbildung das Montessori-Diplom oder das Zertifikat für die Sekundarstufe erworben.

Hoher Wert wird auf die Beförderung ganzheitlichen Lernens gelegt. Das Handwerk stellt hierbei einen besonderen Schwerpunkt dar. Entsprechend den Grundsätzen Montessoris stehen didaktisch die Schaffung einer vorbereiteten Umgebung und die Freiarbeit im Zentrum der unterrichtlichen Arbeit an der Schule. Mit Hilfe vieler Arbeitsgemeinschaften wird ein Beitrag zur Freizeiterziehung der Schülerinnen und Schüler geleistet.

Nach Materialien und Auskünften der Schule zusammengestellt.

Vier Mädchen aus der 9a stürmen in den Klassenraum, Augen, Gesicht und Hände senden Botschaften aus. Und erst Sprache und Stimme!

„Hat der sich doch vor mir aufgebaut und gesagt: ‘Weißt du, was dein Problem ist? Daß nicht alle drankommen!’“ „Ich habe ihn gefragt, ob er nicht auch mal was Liebes zu seinem Partner sagen könne. Nicht immer nur ‘Du fetter Sack!’“ „Die hängen an dir wie Kletten.“ „Total süß, echt.“

Die vier kommen gerade aus der Grundschule von nebenan. Seit kurzem gehen sie mittwochs in der Pause immer dorthin. Das gehört zu ihrem Projekt. Einem Projekt, das die Jugendkriminalität zum Thema hat.

Ich stutze. Was hat das miteinander zu tun?

Die 9a hat das Thema mehrere Wochen recherchiert. Hat gelesen, konspektiert und protokolliert, war in Bibliotheken, zu Gerichtsverhandlungen, hat Gespräche mit Bewährungshelfern vom Jugendamt geführt und sogar ein Gefängnis besucht. Sie ist auf Ursachen für Jugendkriminalität gestoßen. Langeweile, mangelnde Kreativität, ein unterentwickeltes Selbstbewußtsein, die Unfähigkeit, Regeln einzuhalten, gehören dazu. Lassen sich bis in die Phasen früher Kindheit zurückverfolgen.

Und nun befindet sich die Klasse in der eigentlich praktischen Phase ihres Projekts: Möglichkeiten der Kriminalitätsprophylaxe sollen aufgedeckt werden. Die Herangehensweisen sind unterschiedlich. Die vier Mädchen haben die Möglichkeiten des Spiels entdeckt. Was lag näher als die Produktivität ihrer Idee mit jüngeren Schülerinnen und Schülern zu erproben. Dem Rektor der benachbarten Grundschule

Abb. 1. Die Maria-Montessori-Gesamtschule
Foto: Schule

haben sie geschrieben: „Wir wollen mit den Kindern der Maria-Montessori-Grundschule in ihren Pausen einige Spiele spielen. Unser Ziel ist es, so ihre Kreativität und Phantasie anzuregen, ihnen zu helfen, Regeln einzuhalten und ihnen Spaß an der Schule zu vermitteln. Wir glauben mit dem folgenden Programm unseren Beitrag zur Eindämmung der Jugendkriminalität zu leisten."

Ein Versuch. Ein Erfolg. Und was für einer!

Der Renner ist übrigens gegenwärtig der seit Urväterzeiten bekannte „Plumpsack". Es wäre sicher ein Trugschluß, wollte man annehmen, daß „mehr Plumpsack" an den Schulen der Jugendkriminalität entscheidend Einhalt gebieten könnte. Aber den Intentionen der vier Mädchen an viel mehr Schulen zu folgen, lohnte sich wohl schon ...

Eine Gesamtschule mit dem Namen Maria Montessoris.

Warum eigentlich? Montessori, das ist doch vor allem Material, das berühmte didaktische Material. Das sind Steckspiele, Sandpapierbuchstaben, Einsatzzylinderblöcke, Farbtäfelchen, Geräuschdosen, tönende Glocken und Glockenbretter usw. usf.

Und dann ist da noch die fast standardisierte Verbindung zu „Kinderhaus" und „Grundschule". Hier in Krefeld aber geht es bis zur gymnasialen Oberstufe.

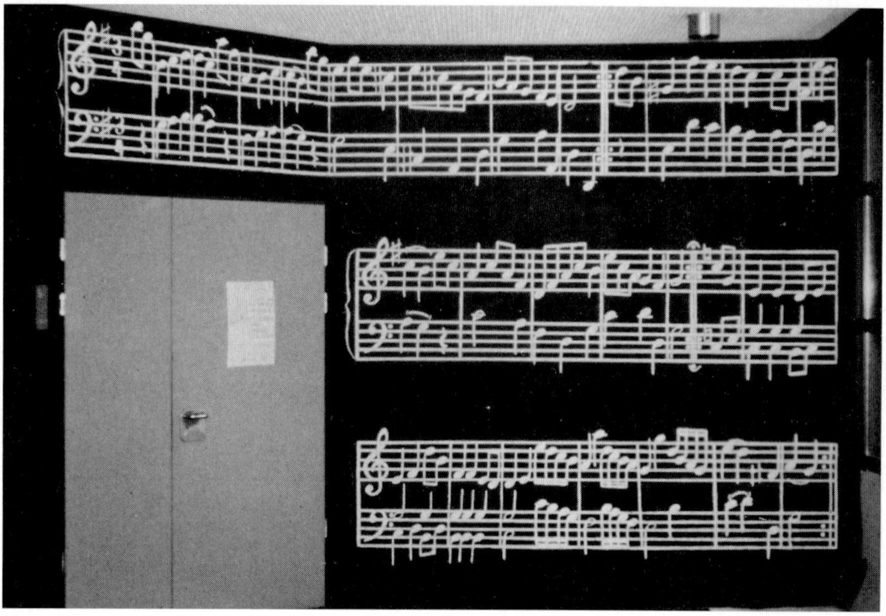

Abb. 2. Gestaltete Umgebung: Notenschrift nicht nur als ästhetisches Gestaltungselement

Abb. 3. Projektarbeit in der 9a: Spiele mit Kindern der Maria-Montessori-Grundschule
Fotos: Schule

Für Peter Ortling, den Leiter der Gesamtschule, ist Maria Montessoris Pädagogik eben nicht nur „Material-Pädagogik". Der zentrale Begriff ist für ihn der der Konzentration, der inneren Sammlung. Und das alles hält er heute für notwendiger denn je, wenn es um die Erziehung junger Menschen geht. Außerdem: Anliegen Maria Montessoris, der italienischen Ärztin und Pädagogin, war es, den Menschen Hilfe zu geben, zu eigener Unabhängigkeit zu finden. Dafür Situationen mit gleichsam verpflichtendem Charakter zu schaffen. Ihr weithin bekannter Satz „Hilf mir, es selbst zu tun" gelte nicht nur für die Kleineren.

Dennoch – wie geht das? Ich schaue mich um.

Ein großer hallenartiger Raum bildet das Zentrum des Schulhauses. Ein Raum für Feiern, für Gottesdienste, Versammlungen, für Bälle. In den Pausen kann man dort sitzen, sich unterhalten. Alles strahlt Ruhe, Freundlichkeit und Wärme aus. An einer Seite gehen zwei Räume ab: ein Raum für Gespräche und Begegnungen, ein Raum für Meditation und stilles Zu-sich-selbst-Finden.

Peter Ortling: „Eine Gemeinschaft lebt von Begegnung, Gespräch und Stille."

Im Meditationsraum entdeckte ich eine Tafel. Auf ihr Namen von Schülern der Schule, die verstorben sind. Acht Namen lese ich. Namen von Kindern, deren Behinderung zum Tode geführt hat.

Die Montessori-Gesamtschule wird von 954 Schülerinnen und Schülern besucht. 84 davon sind behindert.

Gemeinsames Lernen und Leben – auch ein Anliegen Montessoris.

Behinderte Kinder haben nicht selten progressive Krankheiten. Sie wissen darum. Und auch die anderen. Eine Situation mit verpflichtendem Charakter besonderer Art.

Diesen Kindern kann man nicht sagen, daß ja alles eines Tages schon wieder gut würde. Das wäre das schlimmste, was man ihnen antun könnte. Die betroffenen Kinder selbst müssen mit ihrem Schicksal umgehen lernen. Die anderen Kinder auch. Von einem Jungen wird mir erzählt, der am Ende der 10. Klasse friedlich eingeschlafen sei. Es war – so sagen die anderen – als hätte er gemerkt, daß seine Krankheit keine weiteren Perspektiven für ihn zuließe: Die gymnasiale Oberstufe kam nicht mehr in Betracht, eine Lehrstelle auch nicht.

Die anderen Schülerinnen und Schüler verarbeiten das Todeserlebnis aus ihrer Mitte heraus sehr intensiv. Der Vorschlag, eine Erinnerungstafel im Meditationsraum anzubringen, stammt im übrigen von einer Schülerin.

Die Maria-Montessori-Schule ist vierzügig. Als Gesamtschule, deren Schulträger das Bistum Aachen ist, hat sie von Anfang an dafür gestritten, daß die Schülerzahl die Tausender-Grenze nicht überschreitet. Eine Schulfabrik wollte man nicht.

Die Entstehung der Schule ist einer Krefelder Elterninitiative zu verdanken, die vor 26 Jahren entstand. Sie wollte „Montessori von unten bis oben".

Ein Kindergarten entstand. Eine Grundschule. Und schließlich die Gesamtschule, die den Hauptschulabschluß, die Fachoberschulreife und die Qualifikation für die gymnasiale Oberstufe bietet. Die Abschlüsse sind im gesamten Bundesgebiet anerkannt. 1986 haben die ersten Schülerinnen und Schüler hier an der Schule das Abitur abgelegt.

Didaktisch sind Freiarbeit und die Schaffung einer vorbereiteten Umgebung „montessori-typisch".

Vorbereitete Umgebung – das ist fast alles an der Schule: die Bücherregale, die Karteikarten, die technischen Hilfsmittel in den Klassenräumen. Die Flure, die zum Sitzen, zu gemeinsamer Beratung, zum stillen Arbeiten einladen. Und der Garten und die Sportanlagen vor der Schultür.

In den Klassen 5 und 6 gibt es 8 Stunden Freiarbeit pro Woche, in den Klassen 7 und 8 pro Woche 6 Stunden.

Ich gehe mit Marlene Wehres, Lehrerin für Mathematik und Textilgestaltung und Klassenlehrerin der 6b, in ihre Klasse. 30 Schülerinnen und Schüler sind im übrigen die normale Klassenfrequenz an der Schule. Für Nordrhein-Westfalen insgesamt sind das 28 Schülerinnen und Schüler.

Die von der 6b sind allesamt Freiarbeitsprofis. Kein Wunder, die meisten von ihnen haben schon den Kindergarten und die Montessori-Grundschule besucht. Freiarbeit gehört zu ihrem Lebenselixier.

David vertieft sich in Seidenmalerei. Timo, Benjamin, Maike und noch einige andere arbeiten zum Thema Rauchen, weil sie Rauchen „ätzend" finden. Die Addition rationaler Zahlen wird von Sebastian ebenso ernsthaft betrieben wie die Arbeit an einem Buch über die schon Legende gewordene Saurier, die Ricarda sich vorgenommen hat. Kein Ruhesignal ertönt, es gibt keine Ermahnungen. Es wird einfach gearbeitet: ernsthaft, intensiv, mit einer erstaunlichen Besonnenheit und auf einem ziemlichen Schwierigkeitsniveau. Dabei ohne jede Verbissenheit. Frei und gelöst. Freie Arbeit eben.

Mir fallen vier Mädchen auf, die im Flur stehen und offenbar in eine schwierig Debatte verwickelt sind.

Ich frage: „Streikt ihr?" Eines der Mädchen sagt: „Nein, wir haben ein Problem." Ich spüre die Kompliziertheit der Situation, in der sich die Mädchen offenbar befinden und ziehe mich sofort zurück.

Etwas später erfahre ich, daß die Mädchen morgens beim Schwimmen Streit miteinander hatten. Als äußeres Zeichen hatten sie ihre aneinandergestellten Tische auseinandergerückt. Welchen Sinn für Symbolik haben doch Kinder!

Marlene Wehres hat ihnen Zeit gegeben, ihr Problem zu besprechen. Allein und unter sich. Auch eine Situation mit verpflichtendem Charakter.

Nach ca. 15 Minuten kommen die Mädchen wieder in den Klassenraum. Alle vier gelöster als vorher. Sie scheinen ihren Streit beigelegt zu haben. Nach einigen Minuten schaue ich wieder zu ihnen hin. Die Tische wieder zusammenzurücken, haben sie wohl vergessen. Oder doch nicht nur vergessen???

Mit Eva aus der 9c komme ich ins Gespräch. Wie die 9a arbeitet die KLasse an einem Projekt. Ab Klasse 9 wird die Freiarbeit quasi durch Projektarbeit ersetzt. Das hierdurch mögliche fachübergreifende Lernen entspricht ebenfalls einer Idee Maria Montessoris, der Idee des kosmischen Lernens.

Die 9c arbeitet Themen auf, die sich um das 19. Jahrhundert ranken: Mode, Musik, Erfindungen zum Beispiel. Und sie ist dabei, ein Theaterstück zu entwickeln, in dem der Gegensatz von arm und reich im Zentrum steht.

Unter der eher zurückhaltenden Leitung von Karin Abel-Tings geht es dennoch ziemlich heiß her. Wenn man gemeinsam zu einem Text finden muß, dabei noch in seine Rolle hineinzuwachsen hat, die Requisiten zu überlegen sind und ja auch hin und wieder einmal an die Zuschauer denken muß, für die man spielen möchte, dann ist das schon ein gewaltiges Unterfangen. Und bis Lösungen gefunden sind – das dauert. Die Geduld aller wird schon ziemlich strapaziert.

Eva ist Erzählerin auf Seiten der Armen. Die Probe jetzt hat den Part der Reichen zum Gegenstand. Deshalb hat Eva momentan wenig zu tun. Eva langweilt sich nicht gerade, aber ein bißchen trauert sie der „reinen" Freiarbeit nach. Da fühlte sie sich individuell mehr ausgelastet. Das Problem von Projektarbeit überhaupt: Die berühmten toten Punkte! Auch die 9a hat damit zu tun. Michael Biallas, der mit der 9a am Projekt Jugendkriminalität arbeitet, bestätigt das noch einmal.

Dennoch: Schülerinnen und Schüler, Lehrerinnen und Lehrer müssen stets erneut lernen, damit fertigzuwerden.

Nicht nur an der Montessorischule.

Es gibt kaum Alternativen, das so notwendige fachübergreifende Lernen auf andere Weise zu befördern. Und wenn dann, wie beispielsweise in der 10c ein Projektergebnis – der Bau eines Biohauses – landesweit Anerkennung findet, dann lohnen sich alle Mühen und die Anstrengungen zur Überwindung toter Punkte. Hans Peter Geraedts und Barbara Breuers, die das Projekt begleiten, bestätigen das.

Geht es an der Montessori-Gesamtschule ohne den klassischen Fachunterricht? Mitnichten. In der 10c, wo ich noch eine Stunde zu Gast bin, werden der Sinus- und der Kosinussatz genauso im Kontext des Lehrgangs gebüffelt wie in jeder anderen Klasse. Aber auch hier spüre ich konzentrierte Aufmerksamkeit, versunkenes Arbeiten, Rücksichtnahme aufeinander. Hans Peter Geraedts, der Mathematik- und Klassenlehrer, wird erst um Hilfe angerufen, wenn es keinen anderen Ausweg gibt. Und was mich besonders beeindruckt: Eines der Mädchen kann aufgrund seiner Behinderung nicht schreiben. Sie denkt, diktiert. Hans Peter Geraedts schreibt es auf.

Junge Menschen auf dem Wege zu sich selbst und zu anderen.

(im Mai 1993)

Ein paar Literaturhinweise

Drews, Ursula (Hrsg.): Unterwegs. Texte von Lehrerinnen und Lehrern aus den neuen Bundesländern. Agentur Dieck, Heinsberg 1992 (Alleinvertrieb: Buchhandlung Elke Dieck).

Feidel-Mertz, Hildegard (Hrsg.): Schulen im Exil. Die verdrängte Pädagogik nach 1933. Reinbek: Rowohlt 1983.

Groeben, Annemarie von der; Rieger, Maria F.: Ein Zipfel der besseren Welt. Leben und Lernen in der Bielefelder Laborschule. Essen: Neue Deutsche Schule 1991.

Groß, Engelbert (Hrsg.): Freies Arbeiten in weiterführenden Schulen. Donauwörth: Ludwig Auer Verlag 1992.

Hentig, Hartmut von: Die Schule neu denken. München: Hanser 1993.

Hermann, Ulrich (Hrsg.): „Neue Erziehung“ – „Neue Menschen“. Erziehung und Bildung zwischen Kaiserreich und Diktatur. Weinheim, Basel: Beltz 1987.

Klaßen, Theodor, F.; Skiera, Ehrenhardt (Hrsg.): Handbuch der reformpädagogischen und alternativen Schulen. Baltmannsweiler: Schneider Verlag ²1993.

Oelkers, Jürgen: Reformpädagogik. Eine kritische Dogmengeschichte. Weinheim, München: Juventa 1989.

Röhrs, Hermann (Hrsg.): Die Schulen der Reformpädagogik heute. Düsseldorf: Schwann 1986.

Scheibe, Wolfgang: Die Reformpädagogische Bewegung 1900–1932. Weinheim, Basel: Beltz ⁸1982.

Sennlaub, Gerhard (Hrsg.): In eigener Verantwortung. 73 Berichte aus den neuen Ländern über Leben und Lernen in der Grundschule. Agentur Dieck. Heinsberg 1992 (Alleinvertrieb: Buchhandlung Elke Dieck, Heinsberg).

Tenorth, Heinz-Elmar: Geschichte der Erziehung. Weinheim, München: Juventa 1988.

Wallrabenstein, Wulf: Offene Schule – Offener Unterricht. Ratgeber für Eltern und Lehrer. Rowohlt Taschenbuch Verlag GmbH. Reinbek bei Hamburg 1992.

Winkel, Rainer (Hrsg.): Pädagogische Epochen. Von der Antike bis zur Gegenwart. Düsseldorf: Schwann 1988.

Ders.: Reformpädagogik konkret. Hamburg: Bergmann & Helbig 1993